Golf Thinking Method

ゴルフの思考法

菊地 均

東京図書出版

本書を、お互いのアイデンティティを尊重して
自由に世界へ羽ばたいてほしい孫たち、茜、友理、司、丈晴、寿に捧げる。

はしがき

ゴルフは一番難しいスポーツだという。

完全にマスターするには努力はもとより、時間とお金がかかることは確かである。しかし、ゴルフを学ぶに当たり、遅いということは絶対ない。自分の中の可能性を信じて力を尽くせば、道は自ずと開ける。しかも、ゴルフを学ぶとは、ゴルフの本を読んだり、コーチから教わったりすることで満足してはならない。言うならば出来上がった、あるいは固定化した知識や技術をもらうことではなく、主体的に知識や技術をデザインすることで真の学びが生きるのである。

それにしても、誰がこんなに人を夢中にするゴルフなんかを考え出したのだろうか。われわれがゴルフを身に付けるにはたいへんな苦労をするにもかかわらず、ただひたすら人びとを惹きつける。本書は、そんな素朴な疑問について解説したものである。

それではなぜ、私がゴルフを学ぼうとしたかというと、周りがどんどん止めていくのを尻目に60歳から自由を求めて、ゴルフを真剣にやろうと思ったからだ。当然、私自身の身体能力の衰えを自覚しつつも、この悩みを解消すべく、私は思い切ってゴルフスクールの門を叩いてみた。

確かにゴルフ教本や映像は巷にあふれている。私もベン・ホーガン著『モダン・ゴルフ』（1957年）やボビー・ジョーンズ著『ボビー・ジョーンズ　ゴルフのすべて』（1966年）、ジャック・ニクラウス著『ゴルフマイウェイ』（1974年）、ボブ・トスキ&ジム・フリック著『完全なるゴルファー』（1978年）、ピア・ニールソン著『ゴルフ　54ビジョン』（1999年）、デビッド・レッドベター著『Aスイング』（2015年）をはじめ、ゴルフ教本を読んだり、ネット上の映像を観たりしたが、なかなか実践できず、困り果てていた。このたわいのない疑問を、ゴルフスクールの先生方にぶつけ、自粛を強いられることになったコロナ禍での時間を利用して、その解決のプロセスをまとめたものが本書である。

恐らくビギナーはビギナーなりに、シニアはシニアなりに、時間を惜しまず練習に練習を積み重ねればなんとかなると思うが、単なるやる気だけではゴルフはうまくならないのが現実である。ある報告によると、「平均2年7カ月で100を切れなければ、残念ながら9割の人びとがゴルフを止める」という。その壁をクリアするにはどうしたらいいか。これを可能な限り探究し、その分析結果と新たな練習ドリルを、私なりに導き出せたつもりでいる。

さて、本論でも詳しく述べるとおり、読む側にとって少しでもリスクを避けたいならば、読むべきものを取捨選択しなければならない。今日のようにゴルフの情報が巷で氾濫する反面、弾道測定器や画像処理解析装置などが利用できる中で、主体性を持って自分の課題を探して、それをいかに取り入れることができるかどうかを常に問い、最終的に問題を解決しなければならないからだ。そのためには洞察力と判断力を働かせ、自分に合わないものは捨て、従来の古典派スイング論のような「型中心」のスイングから現代派スイング論の「捻転差」と「振り子」の動きを合成したスイングへの転換が不可欠だ。

人間の体は軸の周りで回転するコマのようなものではなく、回転しながら右股関節軸、左股関節軸を形成する。どちらかというと回転するから軸が発生する。たとえば、初心者に対して「スイングしてください」と言うと、ほとんどの人がクラブを持っているにもかかわらず、手を使って当てに行く。これはクラブの構造とボールを飛ばす原理を理解しないまま、ただ静止しているボールを打とうとするからそうなるだけの話にすぎない。

それゆえに、従来の古典派のスイング論では型から入ることを勧める。しかし、ゴルフの型は統一した理論があるわけではなく、ベン・ホーガンやボビー・ジョーンズを筆頭に、デビッド・レッドベター、ブッチ・ハーモン（本名はクロード・ハーモン・ジュニア、ブッチは愛称）、タイガー・ウッズ、ジム・ハーディーまで手本としたゴルファーの数、あるいはインストラクターの数だけ型があることになる。

学ぶ側が気をつけなければならないのは、人間は一つの型にはまってしまうと、ほかの型はすべてダメなもの、間違っていると感じることだ。ちょうど恋をして周りが何も見えなくなるようなものだ。学ぶことの意義は、「信じること」と「知ること」を区別することから始まる。

したがって、プロゴルファーを見ればわかることだが、ゴルフの型の知識があればうまくなれるのではなく、自分の持つスイングという一連の動きを信念と努力で鍛え上げることこそ、プロのゴルファーになるための必須条件だということになる。極論すれば、効率的なスイングはその人にとって一つしかないということになる。

それではゴルフを楽しもうとするアマチュアゴルファーにとって、ラウンドでボールを上手にスイングするためには、努力はもちろんのこと、時間と費用をかけ自分に適した指導者を探し、練習に励まなければならず、ゴルフを楽しむどころか、かえって艱難辛苦の連続になりかねない。これに応えるため、「ゴルフの思考法」を新たに提案したのが本書である。

読者のために何らかの参考になれば、望外の幸せである。

ゴルフの思考法　目次

序章　ゴルフスイングとは何か

ゴルフの世界では、1912年生まれのベン・ホーガン、バイロン・ネルソン、サム・スニードの三人を「近代ゴルフの父」と呼ぶ。三人のゴルファーに共通するものは手元の力ではなく、下半身でバランスを取りながらスイングしているところにある。

つまり、手でクラブを振りボールを打っているように見えるためか、アマチュアゴルファーはどうしてもボールをめがけて当てに行く。しかし、実際はトップ（バックスイングの頂点を英語では“top of the swing”と表現する。以下ではトップ）で作った胸の向きと骨盤の向き、この捻転差を利用して、しかもスイングの姿勢は刻々と変わるが、捻転差そのものはハーフウェイダウンにいたっても変わらない。それゆえに、手をこねて当てに行くのではなく、振り抜く過程でボールに当たっているにすぎない。

英語の“swing”には本来、「ブランコ」という意味がある。たとえば、立ってブランコを漕いでいる人を観察すると、揺れている方向に体の重心を動かしながら後方の最高点に来たときに重心を下げるため、板の上でしゃがみ込むが、速さが最大となる最下点を通過するときに重心を上げるため板の上で立ち上がる。このようにブランコを漕ぐという動作は、重心の上下の移動によって振り子の長さを周期的に変化させる現象、すなわちパラメトリック励振を引き起こすことで成り立つ。要するに、最高点に来たときのしゃがみ込みで位置エネルギーは減少し、最下点に来たときの立ち上がりで位置エネルギーは増加する。この差が運動エネルギーに変わってブランコは加速する。

ゴルフのスイングは、このブランコの「立ち漕ぎ」の応用である。なぜなら、バックスイングしながら最高点のトップからの切り返しの瞬間に、重心を下げるため下半身リードの沈み込みで位置エネルギーは減少するが、ダウンスイングの最下点を通過するときに重心を上げるため、胸は前屈姿勢、骨盤は後傾姿勢になることで位置エネルギーは増加するからだ。この差が運動エネルギーに変わりインパクトで加速する。当然、ゴルフのスイングではゴルフクラブという道具がこれに加わる。

後で詳しく説明するが、このような考え方に転換ができなければ、ゴルフ特有のスピンが多くなり飛距離をロスするスライスは直らない。

ゴルフ教本を読めば、「セットアップするとき、お尻を突き上げ、背筋を伸ばし、肩甲骨の可動域を広く使いたいため両肘を体につけて構えろ」と説く。これに反してお尻を下げて、極端な猫背の姿勢で頭を下げ、両肘を開いて構えてはダメだということになる。とは言っても

「背筋を伸ばす」という動作と、「腰を反る」という動作を勘違いしないでほしい。腰を意識的に反らすという動作はゴルフにとって必要ないばかりか、かえって腰椎が変形したり脊柱管が狭くなったりして腰痛の原因になるだけである。

要するに、骨盤から前傾しながらボールと胸の距離を一定に保ちながら、バックスイングでは右のヒップスライドではなくヒップターン、あるいはヒップローテーションができればよいし、他方、ダウンスイングでも同じように、左のヒップスライドではなくヒップターン、あるいはヒップローテーションができればよい。

残念ながら、日本のゴルフ教本では前傾がなぜ必要かについては説明がない。実は、骨盤からの前傾によって体の上半身と下半身の捻転をスムーズにさせるために必要なのである。また、日本のゴルフ教本では「腰は横回転、肩は縦回転」というとキーワードで腰と肩の使い方を説明するが、これを真に受けて腰を横回転すると、アマチュアの多くは悪いスウェイ（sway）をする。肩が縦回転するのはよいとしても、腰そのものは自由に回すことができない構造になっている。

それにもかかわらず、日本のゴルフ教本では「腰を回す」というが、米国のゴルフ教本では「ヒップターン」、あるいは「ヒップローテーション」という表現を使う。ところで、日本人に「ヒップターン」せよと言うと、「ヒップスライド」する人が多い。ヒップターンとは、股関節を軸にして後ろに引くように捻じることである。

英語のヒップ（hip）とは日本語では「臀部」を指すが、「腰」と翻訳する場合が多く、誤解を招きやすい。日本語の「腰」は英語に直すとどんな英語がよいだろうか。ちなみに、ベン・ホーガンの『パワー・ゴルフ』（１９４８年）を翻訳した北代誠彌は、その訳書『パワー・ゴルフ』（１９５２年）の中で「臀部」と訳している。[1]

たとえば、日本語ではあの人は「腰が低い」「腰が重い」などというように、腰を使う表現が多い。このように文化によって身体の感覚が異なるのだが、英語では当然、そんな意味で腰を使わず、modest（謙虚）or humble（腰が低い）、slow to act（行動が遅い）or slow action（腰が重い）という直接的な言い回ししかない。

英語のヒップは、あくまでも大腿上部から胴のくびれにかけての突き出た部分、すなわち足の付け根と体のつながる部分を指す。その主な部分は骨盤（pelvis）および股関節（hip joint）なので、骨盤の構造と仕組みを簡単にみておこう。

周知のように、骨盤は左右一対の仙骨、寛骨（腸骨、坐骨、恥骨）、尾骨からなる。そのうちで骨盤最大の腸骨は腹腔内の腸を乗せる骨格である。この腸骨と仙骨の間にあり、包内運動を司るのが仙腸関節である。仙腸関節は上半身と下半身をつなぐところだけに、靭帯で強固に固定しているため単に腰を左右に振ったぐらいでは動かないが、この仙腸関節をほんの数ミリ動かすと、ヒップは鋭くスピンする。

ゴルフスイングで骨盤を有効に使うためには、左右の仙腸関節と腸骨をどう使うかがカギになる。まず、右側の仙腸関節が動くと左膝が少し前に出て、他方、左側の仙腸関節が動くと右膝が少し前に出るので、ダウンスイングでは右側の腸骨が左側の腸骨を押すようにすると、左側の腸骨は後ろに下がり、右側の腸骨が通りやすくなる。この時仙腸関節を右にスピンさせると左腕が勝手に前に出て、左にスピンさせると右腕が勝手に前に出るので、インパクト後、これでヒップは一気にスピンする。フォロー後は、頭は自動的に左に回転して、旧来の逆C字型ではなく、現代のI字型の理想的なフィニッシュが取れる。


いま一度、整理しておこう。これまでの日本のゴルフ教本では「腰の高さを変えるな」、あるいは「腰は水平に回せ」が通説だった。しかし、たとえばアッパーブローで打つドライバーに関して、リアルタイムスイング解析器の「GEARS」（ギアーズスポーツ社）では、ヘッドがトップにあるときは右骨盤が12度上がり、それがダウンスイングの過程で骨盤が水平の0度になる。それからヘッドがアッパーに上がっていく過程でインパクトを迎えるため、左骨盤が12度上がるという。

難しいことをあれこれ考えるのはヤダという人には、切り返しのときに上体からせずに、右足のくるぶしを内側に倒して右太腿を素早く内旋させながら右膝を左膝の方へ送り込み、その時ヒップを素早くターンさせると、腕の入れ替えを筋力に頼らず、自然に行うことができる。このタイミングでインパクトすると、びっくりするほど飛距離が伸びる。

人間は意識しなくても股関節を前後に動かせば、自動的に上半身が捻じれる構造になっている。それゆえに、われわれは普段から股関節を軸にしたヒップターンを実践してみてはどうだろうか。家の中でも簡単にできるヒップターンのエクササイズを紹介する。体の前で7番アイアンを杖代わりに立てた状態で、両手を伸ばしグリップエンドを上から押さえる。この状態から上半身は動かさずにヒップだけをターンさせる。

ゴルフに必要な本来のテンポとリズムを取り戻すためには、普段から腸腰筋を柔らかくし、股関節を軸としたスムーズな動きができるようにしておかなければならない。

結局、日本のゴルフ教本では「腰を一塊にして回す」という表現を使うところに誤解を招く原因があったと思う。もしわれわれが腰の主要な部分を骨盤として理解するならば、残念ながら、腰そのものは自由に回すことができない構造になっている。なぜなら、骨盤は股関節を構成する受け皿にすぎないからだ。なお、もう少し腰を落ち着けて考えなければならないが、本書では「ヒップターン」を「腰を回す」とせずに、そのまま「ヒップターン」を使うこととする。

体重移動についてもプロとアマチュアでは次のように認識に相違がある。ツアープロは積極的に体重を右足から左足へ移動させて、ボールを遠くに飛ばそうとするが、アマチュアの多くは、スウェイを恐れ右足に体重を残したまま打ちに行く。ここで言うスウェイとは体、とりわけ腰の中心が流れ、スタンス幅よりも外にでるミスである。しかし、ゴルフ用弾道計測器の「トラックマン」（トラックマン社）によると、トップで「骨盤」だけでなく、「肩」も「みぞおち」も4センチずつ右にスウェイして頭の位置も半分ぐらい右にズレるらしい。

これで何が問題なのだろうか。この裏には体重移動という非常にデリケートな問題が潜んでいる。

かつて鶴見功樹は、「人間の体重移動は体を回転させる結果生じるものであって、意識して行うものではない」[2]と言ったように、体重移動についてはこの後でもあらためて議論したい。ここでは問題を提起するため、「ボディトラック・センサーマット」（株式会社エンジョイゴルフ&スポーツジャパン）が公表しているフォースプレート（force plate：反力測定器）のデータに着目し、ゴルファーにおけるスイング中の足圧中心（center of pressure）のあり方から検討してみよう。[3]

⑴　左右の足の拇指球から土踏まずにかけてそれぞれ50%の圧力をかけてアドレスを取る。

⑵　ハーフウェイバックからトップに向けて右足の踵内側に80%の圧力をかける。

(3) トップからの切り返しのタイミングで、左右の足にそれぞれ50％の圧力にいったん戻す。

(4) 次に、スリークォーターダウンにおける下半身リードの始まりで、左足の拇指球に80％の圧力をかける。

(5) ハーフウェイダウンでインパクトに向けてのカウンター動作として左足から右足の拇指球に圧力の5％をいったん戻し、右足の拇指球への圧力を25％にする。

(6) 両足の踵を上げながらインパクトからフォロースルーにかけて今度は、右足から左足の土踏まずに圧力の5％をかけ直し80％にする。

(7) 最後フィニッシュで左足の踵外側に95％の圧力をかける。

安定したショットを打つために、自分の感覚だけに頼らず、なぜ足圧中心の変化が起こるかを理解しなければならない。

はじめからこんな問題提起ではかえって混乱を招くだけかもしれないが、あくまでも議論のためのたたき台である。単純に言えば、アマチュアは足の裏の圧力移動（pressure shift）を「右足」にかけたままで終わりがちだが、プロは意識せずにハーフウェイバックからトップに向けて右足の踵内側に80％の圧力をかけ、続いてインパクトに向けて「左足↓右足↓左足」とカウンター動作を入れながらパワーを最大に引き出そうとする。要するに、人間の体に重みをかける「加重」の動作には、その逆の重みを抜く「抜重」というカウンター動作が伴うことで円滑に動くことができる。

スイングの中で、下半身リードは上半身がトップに達するまでに、その準備が始まっている。これで何を感じ取ったらよいかと言えば、「よい手打ち」の推進と足の裏の圧力移動における本来の意味である。われわれは、このことから左足が常にクラブより先に動くことを学ぶことで、左骨盤は右骨盤より低いまま本来の下半身リードのスイングが身に付く。

前述のオーバースイングの軌道から抜け出せない人は、上半身と下半身が同時に動く、いわゆる「ドアスイング」という悩みを抱えている。畢竟、アマチュアの多くは、ダウンスイングの途中で上半身の回転が下半身リードの回転に追いつき、殊に上半身の回転角度と下半身の回転角度との向きがそろって、捻転差がゼロになる。これでは回転運動で生じる加速度と慣性力（遠心力と向心力）を使えず、左肩が上がり手打ちになる原因を自ら作るようなものだ。

しかし、ドアスイングが一概に悪いとは言えない。なぜなら、アプローチショットで再現性の高いドアスイングで飛距離の限界を突破できるようになれば、柔らかな両肘の使い方が身に付き、上級者になるための登竜門とも言えるからだ。そう考えると、ゴルフスイングの習得の過程で大事なのは、捻転差スイングの原理をどの時点で、どれだけ理解できるかどうかにかかっている。

この捻転差の考え方はもともと、Xファクタースイング論を展開した米国のゴルフインストラクターのジム・マクリーンによって、1980年代に体系化されたものである。[4] マクリーン自身は、バックスイングのトップでショルダーターンとヒップターンのラインが交差するため、それを「Xファクター」と名付ける。

ところが、マクリーンといえどもトップからダウンスイングにかけての捻転差がどう作動すれば、最適なインパクトにつながるかについては明快に答えていない。非常にデリケートな問題だけに、Xファクターに関する議論は今でも続いている。

リアルタイムスイング解析器の「GEARS」(ギアーズスポーツ社)によって示されたXファクターのデータを見る限り、ドライバーにおける米国のPGAツアー選手の平均は、インパクトのタイミングで上半身と下半身の捻転差が56度ぐらいだ。もっともタイガー・ウッズが全盛期のころ、彼はこれを実践していたことになる。

ところで、上半身の捻じれは下半身の約2倍以上にもなるのだが、人間のパワーの源はもっぱら筋肉量の70%を有する下半身にある。私の場合、バックスイングでは肩を回すのではなく、右肩関節を引き上げてトップ。一方、ダウンスイングでも肩を回すのではなく、左肩関節を引き上げてインパクト。そしてフォローで左肩口の方へ振り抜く。このような感覚のほうが、私にとっては単に肩を回すことで対応するよりもしやすい。なぜなら、肩そのものは回すことができないので、正しくは肩関節を動かしているにすぎないからだ。

人間の体は一塊となって作動するものはなく、左右それぞれ独立しながら連鎖的に組み合わさってスイングが成り立っている。

よくゴルフ教本に載っている連続写真から、プロのトップの位置だけを切り取って真似ると、いつまでもオーバースイングの罠から抜け出せなくなる。もしトップの位置がわからなければ、小学生時代の体育の時間でおなじみの「前へ倣え」の姿勢、いわゆる両手を前に出した姿勢から右手をそのまま１００度ぐらい右に回すと肩甲骨でロックがかかり、それ以上後ろに行かないところに行きつく。その時右肘を90度立てて前傾姿勢を取れば、その人のトップである。ただし、この仕草を取るときに右肘を90度以上曲げないようにすることが大事だ。

どうしてもトップで手元が肩口から外れる人は、クラブを上げてからショルダーターンしても構わない。最初はぎこちないかもしれないが、ある程度練習を積み重ねれば、後は自動的にトップの位置が安定するので心配はいらない。

スイングの要諦は、ダウンスイングで縦方向のトルクがかかってヘッドのトゥダウン現象が生じるときに、両肩と両肘とグリップにできる3角形に近い5角形の面をインパクトでもできるだけ再現して、１６０度ぐらいのアームシャフト角でインパクトできるかどうかにかかっている。

これらの対応策としては、「左手リード」で加速する打ち方を身に付けなければならない。

「左手リード」とは左肩を支点に体を回転して最後まで振り切ることである。それによって飛距離を生み出すことができる。その過程で大事なのは、左手リードをフォロースルーまで続けることで、シャフトが立って左肩口の方へ振り抜くことができる。

ＰＧＡ選手のクラブの軌道やスイングのフォームをデータ化したリアルタイムスイング解析器の「ＧＥＡＲＳ」（ギアーズスポーツ社）によれば、右脇腹を縮めて右肩関節を縦に使うことで、インパクトで過度のフェースローテーションを抑えることができるため、左肘はやや「く」の字に曲がるのが自然だという。

この点についてもう少し詳しく説明を加えておこう。ドライバーでのインパクトの瞬間を描写すると、①肘を曲げたままの右腕、②9度前後しか前に出ない右肩、③25度ぐらい捻じれた背骨、④左前腕とシャフトを一直線にせず、肘は若干曲がり気味になる。このような姿勢や腕の使い方のほうが回外（スピネーション）を自然にできる利点がある。

次に、ゴルフ教本ではあまり論じられないが、角度を多方向に変えることのできる肩関節（shoulder joint）は緩めないことがポイントだ。要するに、上腕骨（humerus）と肩甲骨（scapula）と鎖骨（clavicle）からなる肩関節を緩めず、ショルダーパッキングした状態から、いわゆるトップで胸の右向き角度に対して腕と両肩のラインができるだけ垂直になるのが望ましい。体にはきついけれど、ＰＧＡツアー選手のように、両肩を背筋に対して垂直になるまで肩関節を緩めずに回すことができれば、プロのような打ち方ができる。

アマチュアの多くがボールを上から叩きつけようとして肩を上げすぎるきらいがあるため、肩関節が緩んでオーバースイングになったり、股関節が張って上体を上手にひねることができなくなったりする。いずれにしても、これでは股関節軸にパワーを溜め込むことはできず、手で合わせに行かざるを得ない。前述したように、トップの位置は右肩ぐらいの高さ——神輿を担ぐくらいの高さ——まで、後はその反動として若干上がるのは自然のなせる業ゆえに問題はない。

逆説的なことを言うようだが、ゴルフスイングの中では手打ちも必要な場面があるので、練習嫌いなアマチュアゴルファーこそゴルフの知識が不可欠なのである。ここは我慢してでも読み進めていただきたい。ゴルフはよいショットを打つために練習するのではなく、悪いショットを打たないために練習するのだから。

念のためもう一度、スイングについて確認しておこう。米国のゴルフ教本では「両脇を胸の上に乗せながら」と表現するが、日本のゴルフ教本では「両脇を締めながら」と表現する。日本のゴルフ教本通り実行すると脇に力が入り、肩が前に出て上半身が硬直するからこの点では米国の表現のほうがよい。

もちろん、手打ち克服がアマチュアゴルファーの優先課題になるのだが、アマチュアゴルファーの多くが「手元を速く振らないと、ボールは遠くへ飛ばない」と思い込んでいる節がある。そのため、手元の軌道とクラブヘッドの軌道の関係を意識することはなかなか困難かもしれないが、意識的に手元を速く振れば振るほど体が起き上がったりスウェイしたりして、その分アームシャフト角やライ角が変わってフェースが開くだけである。

これを克服するためには、ゴルフのクラブは自分が考えているような動きをしないので、野球のバットと比較してあらためて手元の軌道とクラブヘッドの軌道の関係を見直すことで、解決策を導くことができるかもしれない。

周知のとおりゴルフのクラブは、グリップとヘッドの間を管状の棒（シャフト）を用いるため、野球のバットのようにグリップしている軸線上に重心や打点がない。ゴルフクラブのヘッドの重心とシャフトの重心をまとめた重心は、両重心を結ぶ線分を、重さの逆比で分けた位置にある。すなわち、ゴルフクラブの合成重心の位置はヘッドの重心寄りにあり、しかもシャフトの軸線上からずれた空間にある。シャフトの軌道とクラブヘッドの軌道の関係を意識しながら、この合成重心をコントロールすることができると、ゴルフのクラブはヘッドが走り、ボールを遠くに飛ばすことができる魔法のクラブに変わる。

とりわけ、ゴルフのヘッドにはボールを打つフェースが付いている。しかも、このフェースにはロフト角があり、フェースがシャフトの延長線上から足のようにL字型に突き出て厚みがあるため、フェース自身がどちらかというと、開きやすく閉じづらい偏重心の構造になっている。

このようなクラブの構造にもかかわらず、アマチュアゴルファーの多くが野球のバットを振るようにクラブを振るため、なかなかゴルフスイングが身に付かない。ボールが止まっているのか、動いているのかの違いくらいはわかるが、野球のバットとゴルフのクラブでのスイングの違いはどうなっているのだろうか。以下に、両者の間の相違点と共通点をいくつか挙げて検討しよう。

両者の相違点は、①野球のスイングでは、ピッチャーが投げる速い球を打ち返すため、右打者は前足（ステップ足）圧力で打たざるを得ない。しかも、強打するためにはどうしても圧力移動が必要になる。②野球のバットには、ゴルフクラブのようなフェースが付いていないため、フェースローテーションをしなくても当たれば飛ぶようになっている。③野球のスイングでは上半身と下半身の捻転差が20度だが、ゴルフでは前傾姿勢を取りながら捻転差パワーを利用するので、ドライバーではその捻転差が56度である。④野球のバットでは、意識して右方向に打つ場合は別として、通常はピッチャーの投げるボールの威力に負けないようにするため、インパクトの位置を体の前方にして、スタンスを広く左足のつま先を開くなどの工夫を凝らす。

これに反して両者の共通点は、①トップからの切り返しのタイミングのとり方、②下半身リードしながらヘッド・ビハインド・ザ・ボールを維持する体勢、③体の回転が先行して体が開いた状態で地面反力を利用するなどである。いずれにしても「よい手打ち」である。ゴルフ教本では手打ちは「悪」の一点張りだが、われわれは一度、手元をどう動かせば効率的な軌道を描くことができるかどうか。自分なりにとことん追求してみる価値はありそうだ。

この関連で話をすると今、スポーツ界においてもデジタル技術を活用するDX（デジタルトランスフォーメーション）という大きな変革の中にあり、米国における野球の観戦も変わりつつある。メジャーリーグベースボール（MLB）では2015年から打球のデータ解析ツールとして「スタットキャストシステム」(statcast system）を導入し、野球ファンに打者のボールとのコンタクト能力を公開、中でもバレルゾーン（barrel zone）なるものに注目が集まっている。これは、単純に言って打者がボールを打ったときのホームランにできる確率をはじき出すものだ。

たとえば、打球初速は最低でも158km/hで、その時打球角度が26〜30度の間にあると、バレルゾーンに分類する。それが161km/hに上がると、打球角度は24〜33度の間まで拡大し、打球初速が187km/hの限界までに達すると、打球角度は8〜50度の間までさらに拡大する。

したがって、解説者やアナウンサーはその一部を実況中継で活用したり、野球ファンは打者の単なる打率やホームラン数だけでなく、打者がどれだけバレルゾーンで打球を打てたかどうかをも評価の対象にしたりして野球の観戦を楽しんでいる。

２０２１年11月18日、ＭＬＢのロサンゼルス・エンゼルスに所属する二刀流、大谷翔平がそのシーズンのアメリカン・リーグの最優秀選手（ＭＶＰ）に選出された。彼はシーズン中に46本もの本塁打を放ち、バレル率は22・３％でメジャーリーグ断トツであったが、本塁打王はブラディミール・ゲレーロJr.とサルバドール・ペレスに2本差で及ばなかった。野球選手が打球を遠くに飛ばすには当然、バレルゾーンに入りやすい弾道を求め、打撃改造に取り組まなければならない時代に入る。

ＤＸでこのように目まぐるしく変わる野球界からゴルフ界のあり方にも目を向けてみると、残念ながら日本のゴルフ界が追い付いていない。恐らく今後は、メジャーリーグベースボールに見習ってゴルフトーナメントにおける各選手のデータをリアルタイムで表示したり、予想したりすることになる日が遅からず実現するだろう。

たとえば、パーオンした時点でカップまでの正確な距離、そのボールの位置からバーディ、パー、ボギーになる確率をはじき出したり、各選手の全ホールにおけるショットを記録してホールアウト後、個人の秀でた「技」を素早く公開したりして、ファンに対して常にカップインの予想や最新の情報を得ることができるようになれば、ゴルフの観戦も変わってくるはずだ。

話が横道に逸れるのはこれくらいにして、もう一度、ダウンスイングでループを描くようにシャフトを寝かせて右肩後方に下ろすシャローイングのメリットについての議論に戻りたい。[6] その場合のメリットは、何と言っても切り返しで下半身リードしながらシャローイング（shallowing）することで、クラブヘッドが一番早く振れるサイクロイド曲線（cycloid curve：最速降下曲線）に沿ったスイングができるところにある。

ベン・ホーガンも言うように、ダウンスイングで右肘は常に左肘より下に来なければならない。ダウンスイングで重力に逆らって右手首をこねるとシャフトが立ってスティープ（steep）状態になり、スイングプレーンはカット軌道のアウトサイド・インになる。このスティープとはシャローの対語である。これを避けるため、シャフトを寝かせて右肩後方に下ろすシャローイングによって、サイクロイド曲線に沿ったスイングができて飛距離の出るインパクトになる。

要するに、クラブの合成重心をコントロールするため、どちらかというと結果としてシャローイングになるということだ。しかし、手元が低くかつ左手首を掌屈（bow, bowing）したトップでは、なんどシャローに振ってもヘッドが外側から落ちて「悪いシャロー」（over the top）にしかならない。

したがって、左前腕を捻じりながら引いて左手をサムダウン（thumb down）させることで、左手首が手のひら側に折れながら（あるいはそれほど折れずにフラットリストのままにしながら）回外する。一方、右前腕を押し込むように捻じって右手をサムアップ（thumb up）させることで、右手首が手の甲側に折れながら回内する。このような状態でインパクトを迎えることができるかどうかがカギになる。

回外や回内に関してはもう少し説明を加えておいたほうがよかろう。[7] 回外や回内については、ベン・ホーガンが『モダン・ゴルフ』(1957年)で詳しく述べているように、決して新しい概念ではない。日本のゴルフ教本では、「左手首をひら側に折ることを回外、右手首を甲側に折ることを回内」と述べるが、これでは手首だけの動作になる。本来は手首だけの動作ではなく、前腕の動作、すなわち前腕とは「肘から手首まで」の動作である。

概して言えば、トップからの切り返しのタイミングで、①左手首は掌屈(bow, bowing)、かつアンコック気味のサムダウン、②右手首は背屈(cup, cupping)、かつコック気味のサムアップしながらインパクトを迎える。この場合、左手がサムダウンして右手がサムアップするためには「体の回転と腕の入れ替え」を同調させなければ、単に左右の親指をこねることになりかねない。[8]

しかもその後、フォロースルー(follow-through)にかけて左手のひらが上を向き、右手のひらが下を向きながら回転する。そのため、ものすごい慣性力(遠心力と向心力)がかかるので、右肘はこの時点で自動的に伸びて右脇が締まり、意識的に伸ばす必要はない。もしインパクト前に意識的に伸ばすと、ヘッドのトゥダウンが始まっている関係上、インパクトで手元が浮くか、あるいは体が起き上がってしまうかのいずれかになる場合が多い。

もともと人間の手先というものは器用に動かすことができる反面、ロボットや機械のように、同じ動きを繰り返して行うことを苦手とする。頭だけで考えてもイメージが浮かばなければ、筋肉があまりついていない小学生のスイングが参考になる。大人になってからゴルフを始めた人は、体が「わかった」とサインを出すまで、練習を積み重ねる以外に特別な方法はない。

比較を単純化するために、インパクトの瞬間をとらえた写真を思い出してほしい。アマチュアの「悪い手打ち」とプロの「よい手打ち」を比較すると、アマチュアは左手首が手の甲側に折れ、右手首が手のひら側に折れながらインパクトへ向かう。プロは逆で、左手首が手のひら側に折れ（あるいはそれほど折れずにフラットリストのままにして）、右手首が手の甲側に折れながらインパクトへ向かう。その後アマチュアはフォローのとき、左手のひらが下を向き、右手のひらが上を向く。プロは逆で、左手のひらが上を向き、右手のひらが下を向く。

しかも、ダウンスイングからフォロースルーまで160度ぐらいのアームシャフト角でもって胸とボールの距離を維持する。これがプロとアマチュアの決定的違いの一つである。

以上のことは、横浜ゴムグループの株式会社プロギアが開発したスイング測定システムの「サイエンス・フィット」からも明らかになる。

正統なゴルフ理論をすぐに理解できなくても構わないが、今やフェアウェイキープ率（driving accuracy）は、日本の女子ツアーが80％、米国のＬＰＧＡツアーが85％に達する。しかし、スイングは単にプロを真似るのではなく、プロから盗んで自分のものにすることができるかどうかにかかっている。なお、シングルプレイヤーでもその7割が、プロのようなインパクトができないという報告があるくらいだ。ゴルフをする者にとっては永遠の課題である。

注

1 Ben Hogan (1948) *Power Golf*. New York: A. S. Barnes. 北代誠彌訳（１９５２）『パワー・ゴルフ』大日本雄弁会講談社．

2 鶴見功樹（２００７）『レッスンの王様　プリンシプル・オブ・ゴルフ』(Part1、ＤＶＤ）ゴルフダイジェスト社．

3 足圧中心とは床反力作用点ともいうもので、床と体の接触面に働く力の分布の中心点である．左右の足のウェイト配分については、株式会社エンジョイゴルフ&スポーツジャパンが公表している「BodiTrak センサーマット」の数値を参照．〈https://boditraksports.jp/swing.html〉２０２２年４月２日参照．

4 Jim McLean & John Andrisani (1997) *The X-Factor Swing: And Other Secrets to Power and Distance*. New York: HarperCollins.

5 松本協（２０２０）『ゴルフの力学――スイングは「クラブが主」「カラダは従」』三栄新書、および Michael Jacobs (2016) *Elements of the Swing: Fundamental Edition*. Scotts Valley, Calif: CreateSpace Independent Publishing Platform (On-Demand Publishing)を参照．

6 シャロー（shallow）とは、本来は「浅い」とか、「緩やか」とかの意味である．ゴルフ用語では「シャフトが寝て入る」ことを意味し、これに対して「シャフトが立って入る」ことをスティープ（steep）という．

7 ゴルフスイングにおいて左前腕を外旋して、左手のひらを上に向けるような動作を「回外」(supination)、それに対して右前腕を内旋して、右手のひらを下に向けるような動作を「回内」(pronation) と表現する．

8 日本語では、手の指も足の指もみんな「指」というが、英語では、手の親指だけは“thumb”、それ以外の手の指は“finger”、足の指は“toe”と使い分ける．

第1章　ゴルフスイングの基礎

第1節　クラブフェースの操作法

ボールを飛ばすのはクラブヘッドであり、それを可能にするのがインパクトである。突き詰めて言えば、ゴルフは、①上半身と下半身の「捻転差」と、②重心の上下の移動による「振り子」の動きを合成したスイングの中でインパクトがあるということだ。

米国では、１９６０年代から三次元計測技術を用いたバイオメカニクス（biomechanics）という生体力学の研究が本格的に始まる。その成果を応用して、たとえば、キネマティック・シークエンス（kinematic sequence）という人間のもつ体の「運動連鎖」と関連づけることで、どうしたらボールを遠くに飛ばすことができるかに着目し、ゴルフスイングにおける優れた研究成果をあげている。

ここでは最初に、飛ばすためのスイングとの関連から基本となるハンドファーストのインパクトについて考察しよう。ただし、ハンドファーストのインパクトについては専門的な事柄が多くなるので、今は読み流しておいても構わない。

まず、スイングにおける下半身の使い方から具体的に述べると、クラブがテークバックからトップまでは右足の踵内側に圧力を移動させ、その後の切り返しからハーフウェイダウンの位置に来るまでに左足の拇指球で受け止める。と同時に、トップからの切り返しのタイミングで胸やヒップが7・5センチぐらい沈み込み、左腕が地面と平行になるスリークォーターダウンからシャフトが地面と平行になるハーフウェイダウンにかけて手首のコック&ヒンジを最大にさせながら、体の回転に合わせて腕の入れ替えを行う。

次に、スイングにおける上半身の使い方から具対的に述べると、上半身の捻じれは下半身の2倍以上に上る。インパクトで左前腕を捻じりながら引いて左手をサムダウンさせることで、左手首が手のひら側に折れながら（あるいはそれほど折れずにフラットリストのままにしながら）回外する。一方、右前腕を押し込むように捻じって右手をサムアップさせることで、右手首が手の甲側に折れながら回内する。

ここからハンドファーストのインパクトを作るには、インパクトでグリップを飛球線方向に押し出せるかどうかではなく、前述の野球のバットとの比較でも述べたように、手元の軌道とクラブヘッドの軌道の関係を意識しながら、クラブの合成重心をコントロールできるかどうかにかかっている。もっとも「この合成重心をコントロールせよ」と言ってもピンと来ないかもしれないが、なぜハンドファーストのインパクトにこだわるのかについては、次のような理由による。

(1)　トップやダフりのミスが少なくなったり、スピンが多くなったりして飛距離をロスするスライスがなくなること。

(2)　バックスピンがかかり、ボールの吹き上がりを抑えてくれるため、グリーンで止めることができること。

(3)　ヘッドが低く長くインパクトゾーンを通ることで、ボールの方向性とスイング軌道が安定すること。

などを挙げることができる。

残念ながらアマチュアの5％しか正しくできないという報告がある。あえてプロの世界を描写するとPGAツアーの男子選手の多くは300ヤード超えとなり、その時のヘッドスピードが47～58m／sに至る。ドライバーでもハンドファーストでインパクトしている。

ところで、ダウンスイングにおける下半身リード（lower body leads）の仕方についても誤解している人が多いので、一言付言しておく。下半身リードとは重心を下げるための沈み込みのこと。すなわち、トップからの切り返しのタイミングで胸を右足方向に傾け、内旋した左膝をスタンスの位置に戻すためのラテラル・ヒップ・ムーブメント（lateral hip movement：ヒップの横方向の動き）というカウンター動作のことである。

この時ヒップを積極的に回そうという意識は必要なく、下半身を沈み込ますことで、ヘッドのエネルギーをインパクト直前まで溜めておく動作ができる。アマチュアはこのスクワット（squat）する沈み込みのカウンター動作がなく、トップの位置からいきなりボールをめがけて当てに行くため、どうしても胸が早く開く。この点を改善するだけで、ゴルフスイングは見違えるほどよくなったという事例は枚挙にいとまがない。

ここで注意すべき点としては、前述したとおり運動連鎖は上半身からではなく、下半身から始まることによって、トップでは胸と骨盤の捻転差を56度にまで拡大させることができる。

それではパワーを出すため、56度にまで捻転差を拡大させるにはどうしたらよいか。従来のゴルフ教本では肩の向き90度、腰の向き45度、その捻転差が45度、トップでのシャフトの向きは飛球線に対してスクエアに向けるほうが望ましかった。だが、リアルタイムスイング解析器の「ＧＥＡＲＳ」（ギアーズスポーツ社）によれば、肩の向き97度、骨盤の向き41度、その捻転差は56度、しかもトップでのシャフトの向きはレイドオフ（laid off：シャフトがターゲットラインに対して左を向くこと）に収めるほうがスムーズになり、方向性や効率性を高めることが明らかになる。

確かに、これによって肩関節は回すにもかかわらず、股関節に負担をかけず、下半身リードがスムーズになる。しかも、右骨盤が浮いた格好になると振り遅れるので、ハーフウェイダウンからインパクトにかけて、重心を上げるため左骨盤を挙上（逆に右骨盤を下制）させながら胸は前屈姿勢、骨盤は後傾姿勢を取れればベストだ。

そう考えるとゴルフスイングの難しさは、人間の上半身と下半身を反発させ、その捻転差のパワーをいかにボールに伝えるかがカギになる。下半身リードを誤解する要因の一つは、トップからの切り返しのタイミングで、最初に下半身だけを先行させて動かさなければならない、と考えることから生じる。

間違いではないが、下半身リードは上半身がトップに達するまでに、その準備が始まっている。下半身リードとは、ある意味では「悪い手打ち」を防止するためのカウンター動作である。

バックスイングでヒップターンしながら上半身を右に捻じると、下半身の左膝は内側に向かうので、ハーフウェイバックからトップに向けて右足の踵内側に80％の圧力がかかる。次に、トップからの切り返しの瞬間に胸を右足方向に傾け、ラテラル・ヒップ・ムーブメントをしながら内旋した左膝をスタンスの位置に戻さなければならない。このように重心を下げるための下半身リードの沈み込みで左足の拇指球に圧力を80％移動させる。

そして、ハーフウェイダウンではインパクトに向けてのカウンター動作として左足から右足の拇指球に圧力の5％をいったん戻す。そうでないと右足の踵から右足の拇指球に圧力を移動させたまま、右膝、右骨盤、右肩が前に出て、飛ばない「悪い手打ち」になるからだ。

ゴルフスイングで一番難しいところなので、本書では次のようにスイングの原理を確認しておく。たとえば、バックスイングしながら最高点のトップからの切り返しのタイミングで、重心を下げるため下半身リードの沈み込みで位置エネルギーは減少するが、ダウンスイングの最下点を通過するときに重心を上げるため、胸は前屈姿勢、骨盤は後傾姿勢になることで位置エネルギーは増加する。この差が運動エネルギーに変わりインパクトで加速する。当然、ゴルフのスイングではゴルフクラブという道具がこれに加わる。

そのためには、クラブフェースの操作法から具体的にみていこう。


⑴テークバックでクラブフェースが体の正面から見て斜め45度のところに来たとき、フェースの向きは、0度から下向き10度までが許容範囲内になる。

ゴルフ教本で求めるような、フェースの角度と背中の前傾角度を必ずしも同じくする必要はなく、このようにフェースがやや開いていてもクラブの合成重心をコントロールすることができるなら問題はない。問題はテークバックの前の状態、すなわちアドレスでフックグリップ（ストロンググリップ）にして左手首を手の甲側に折りながら構えないことだ。なぜなら、もしトップでも左手首が「甲側に折れる」（cupped wrist）と、フェースが開き、ボールがつかまらなくなる弊害が出るからだ。

その他テークバックで気をつけたいのは、ゴルフ教本などで最初の30センチは真っすぐに後方に引けとアドバイスするが、これをあまりにも忠実に守ると、手元が浮き、脇が空きアウトサイドに上がったり、上体がスウェイしたりすることにもつながるので、30センチはグリップエンドが体の重心に当たる臍下丹田（お臍の下）のほうを向いていることを前提としたアドバイスであるということを肝に銘じておきたい。

⑵ 次は、テークバックを成功させるための条件である。テークバックでクラブヘッドを後ろに引きすぎず、アドレス時にできるシャフトの傾きとその延長線上のラインが作る面、すなわちシャフトプレーンに乗せるほうがことのほか重要である。

始動はヒップからのターンを優先させ、スウェイさせずに右膝を伸ばしながら右股関節を後ろに引くように捻じる。その後コッキングと同時に、胸を捻じり回しながら左脇腹をサイドベンドして右肩関節を縦に使う。最後に左肩関節を押し込むことで、頸椎7番から胸椎12番が連鎖的に捻じれて右肩全体がつり上がる。その間に右肘を後ろに引かず、地面に向けるように回して上げると、トップは完了である。

ビギナーはテークバックよりも右のヒップターンを重視し、いかにリズミカルにバックスイングできるかどうかにかかっている。

⑶ そこからダウンスイングにおいては、今度は縦方向のトルクがかかってヘッドのトゥダウン現象が起こるので、１６０度ぐらいのアームシャフト角でインパクトするためには、体を

どうやって動かせばシャフトプレーンに乗せれるかどうか、これをイメージしてもらいたい。

ところで、「右肘は、スイングの錘」というスコットランドの古諺があるように、右肘を極端に絞ったり右肘を浮かせたフライングエルボーにしたりせず、緩やかなV字ぐらいの角度で地面のほうを向けば、それが錘になってダウンスイングで効率的なエルボープレーンをなぞることができる。問題は、スタンスで目から下ろした垂直線の内側に両手のグリップが来て、左腕が地面と平行になるスリークォーターバックのところで腕と手首が90度前後のコックがスムーズにできるかどうかにかかっている。

したがって、左肩関節を押し込みながら右肩全体がつり上がり、スムーズにコックができるようになれば、あとは惰性でトップまで上げて構わない。けれどもバックスイングのどこでコックを入れるかどうかについては個人差があるので、一様には言えない。私の場合は、ハーフウェイバックに来たときに入れるようにしている。

それはさておき、もし努力したにもかかわらず、極端なミスショットが出た場合には、反省するというよりも綺麗さっぱり「脳のゴミ箱に葬る術」を身に付けるべきである。完璧を求めて反省することはよいことだが、悩みすぎるとストレスになって次の失敗を招くからだ。

ゴルフはミスをするスポーツだという。だからこそ新たなアイデアを創造することができる。このような気持ちの切り替えが次回にミスの再発を未然に防いでくれる。[9] どうしても手首のコックがスムーズにできない人は、グリップから見直したほうがよいかもしれない。

グリップは唯一、ゴルファーとクラブを繋ぐ大切なポイントになるため、推奨したいのは、左親指はショートサムにすることである。それはそうと、私はよかれと思い推奨するが、左親指をストロング・ショートサムにするか、あるいはスクエア・ショートサムにするかは各自で決めてほしい。左親指をショートサムで握ると小指の尺骨側と同調し、飛躍的にスイングがよくなったという事例は枚挙にいとまがない。

とは言っても、シニアになって筋力や柔軟性が衰え、クラブを重く感じるならば、ショートサムからロングサムへの変更もあり得る。なぜなら、ロングサムで握ると左親指と腕が直角になるため、グリーンで止まりやすいフェードボールを打てるようになるからだ。私のようなシニアの人は試してみる価値はありそうだ。

どんなグリップにせよ、右手は引き上げ、左手は押し込みながら両手の一体感を出せるかどうかがカギになる。とりわけ、右手のひらは目標に向かってボールを運ぶ役割があるため、右手のひらの生命線を左親指へ当ててから包み込むようにしてグリップを握るとよい。

手のひらを上に向けるとわかることだが、人間の指は自然に曲がる特性を有している。そこに引っ掛けるような握り方がフィンガーグリップである。

続いて問題にしたいのは、アドレス（address the ball：ボールに対する構え）である。アドレスで上体を前傾させたとき、両肩関節の可動域を広げるため両脇を胸の上に乗せながら、肩をリラックスさせておきたい。その時両脇が自然に締まった状態で両腕をだらりと真下に下げ、そのまま両手を合わせたところがグリップの「ニュートラルポジション」である。

この件についてもう少し詳しく説明を加えておく必要があろう。まず、アドレスをするときの「腕とシャフトの間にできるアームシャフト角」から述べたほうが理解しやすい。手元の高さは身長によって個人差があるが、アドレスで腕とシャフトの間にできるアームシャフト角は１５０度ぐらい。それがテークバック後半にかけて縦方向の手首のコックが入り途中でいったん崩れるが、トップから切り返しの瞬間に90度近くになる。その後インパクトに向けてヘッドのトゥダウン現象が生じるので、１６０度ぐらいでインパクトするのが理想である。

以上との関連で、ライ角、上半身の軸の傾き、グリップの位置についても簡単に触れておこう。たとえば、代表的なドライバー、７番アイアン、サンドウェッジは次のような基準の下で、ライ角（地面とシャフトの中心線が作り出す角度）、上半身の軸の傾き、グリップの位置が成り立っている。

⑴ドライバーは背中の前傾角度がもっとも浅く、ライ角は58～60度、上半身の軸は右側に５～７度傾く分グリップの位置が肩から垂直に垂らした両腕のラインより少し前になる。その

時グリップエンドは体の正面を指す。

⑵ドライバーとサンドウェッジの中間に位置する7番アイアンは背中の前傾角度がやや深くなり、ライ角は61～62度、上半身の軸は右側に3～5度傾く分グリップの位置が肩から垂直に垂らした両腕のラインとほぼ一直線になる。その時グリップエンドは左太腿の内側を指す。

⑶サンドウェッジは背中の前傾角度がもっとも深くなり、ライ角は64度前後、上半身の軸は右側に1～3度傾く分グリップの位置が肩から垂直に垂らした両腕のラインよりもやや内側になる。その時グリップエンドは左太腿の前を指す。

その他に、自分の身長に合ったクラブの下では、「上半身の軸の傾き」と「シャフトの延長線上の交点」の角度は、それぞれ90～100度である。不思議なもので、ゴルフがうまくなるに従って、人は腕とシャフトの間にできるアームシャフト角度や、グリップエンドと臍下丹田の間の距離などに注意を払いながら、後ろを振り向き自分の立ち位置を常に確認するが、初心者の多くは無頓着である。

無頓着すぎるということは、それだけ体に力が入りすぎて意識がグリップに向かっていなかったり、自分の置かれた状態を理解していなかったりしている証拠である。当然といえば当然かもしれない。その意味では、ベン・ホーガンが「よいゴルフはよいグリップから始まる」[10]と述べたのはけだし至言である。

⑷テークバックで股関節を必要以上に回すと、コイル（身体を螺旋状に巻き上げた状態）

の力を失い、ゴルフスイングにならない。言わずもがなだが、バックスイングを理解できない人は、椅子に浅く腰をかけて試してみるとその感覚がつかめるはずだ。イメージ的には腰まで大きな筒、例えて言えば、ドラム缶の中に入りハーフウェイバックで右内腿に張りがあれば、股関節で力を受け止めている証拠であり、ハーフウェイダウンで左内腿に張りがあれば、これまた左股関節で力を受け止めている証拠である。

確かに、ゴルフにおいて右足から左足へ、体を足の裏で押して移動する体重移動が飛距離アップのためにも重要な要素の一つであることは間違いない。しかし、何が何でも体を足の裏で押して移動しなければならないというわけではない。スイング理論においては、上半身と下半身の捻じれにはまさしく回転運動を使うため、左右の体重移動を最小限にし、上下の重心移動を駆使して効率的なインパクトをしなければならない。

それゆえに、スイング中の足圧中心の変化にもう一度着目し、足の裏の圧力移動（pressure shift）との関係から考えてみよう。[11]

(1) アドレスの際に左右の足の拇指球から土踏まずにかけて均等に圧力をかけて、次にワッグルしながらフォワードプレスを入れるために ほんの少し右足の踵を上げるか、あるいは右膝を内側に入れるかなどして、このカウンター動作からスタートする。

(2)　バックスイングでは下半身リードのためのカウンター動作として左膝を内旋させせ、トップ直前で右足の踵内側に80％の圧力をかける。

(3)　トップからの切り返しのタイミングで左右の足への圧力をいったん50対50に戻しながら、次に胸を右足方向に傾け、ラテラル・ヒップ・ムーブメント（lateral hip movement：ヒップの横方向の動き）によって内旋した左膝をスタンスの位置に戻さなければならない。このように重心を下げるための下半身リードの沈み込みで左足の拇指球に圧力を80％移動させる。これによって胸が開かず、ヘッドのエネルギーをインパクト直前まで溜めておくことができる。

(4)　ハーフウェイダウンではインパクトに向けてのカウンター動作として左足から右足の拇指球に圧力の5％をいったん戻し、右足の拇指球への圧力を25％にする。

(5)　両足の踵を上げながら今度は、右足から左足の土踏まずに圧力の5％をかけ直し80％にすると、インパクトに向けてヘッドが加速する。

(6)　最後に、フォローからフィニッシュにかけて左足の踵外側に95％の圧力をかける。

これをいかんなく実践していたのがPGAツアーで82勝を挙げたサム・スニードである。彼はまるで歩くが如く、自然な動作でクラブを振っていたことから、彼のスイングを「ナチュラルスイングだ」と、人びとは尊敬の眼差しで見ていたというエピソードがあるくらいだ。しかし、アマチュアゴルファーは今、足の裏にかかる圧力の変化について必要以上に関わらないでよい。なぜなら、せっかく作った自分のスイングを崩す危険をはらむからだ。自然にできるようになるまで待つほうが賢明だ。人間は、何と無意識のうちに足の裏の圧力を移動させながら、少なからずスイングをコントロールしているにすぎない。

問題は人間の対応能力が邪魔しているだけで、時間が解決してくれる。部分を直すということは、全体を見直すことに繋がるわけだから、偏った判断でスイングのあら探しをしないほうがよい。そのため、この後の第2節「スイングの方法」でも述べる「トラックマン」(トラックマン社)や「GEARS」(ギアーズスポーツ社)のデータとも突き合わせて改善してほしい。ゴルフスイングは本人自身が気づかない限り、スイングの因果関係を何度説明しても徒労に帰すのはこのためである。

言葉で表現するには自ずと限界があるが、足の裏の圧力移動は相対的なものであり、かつ一瞬の動作なのだから体に馴染ませるには時間がかかる。人間は無意識のうちに体のあらゆる関節や筋肉を連動させ、バランスを取りながら円滑な動作を行うため、10人いれば10通りのスイングがある。スイング理論における最適な体重移動をモデル化することができずにいるのもそのためである。米国のゴルフ教本では股関節の回転は体重移動ではなく、単なるピボット(回転運動)だと片付ける。

したがって、体重移動は歩くが如く自動的に起こるものなので、本書では体重移動という用語はひとまず置いて、圧力移動（pressure shift）という用語を用いて議論する。

ともあれ、圧力移動を議論する前に、次のような問題を整理して、本節の課題であるクラブフェースの操作法を確認しておこう。

⑴私が問題にしたいのは、トップでの「フェースの向き」についてである。トップにおけるフェースの向きは自分自身で見ることはできないが、たとえばトップで、ドライバーの場合もアイアンの場合もフェースの向きが地面に対して45度前後の傾きを許容範囲内とする。確認したければ、トップにおける右手首の角度でわかるはずだ。この感覚が鋭くなければ一流のゴルファーとは言えないのはこのためである。なぜなら、右手は方向性を司るところであるからだ。トップで右手首の角度を気にしたことのない人は、一度鏡を見てトップでの右手首の角度を確認してほしい。

ところで、90年代に入って米国ではトップでの「シャフトの向き」が話題になったことがある。たとえば、従来のシャフトの向きは飛球線に対してスクエアに向けるほうが望ましかった。しかし、クラブの進化に伴いターゲットラインに対して左を向くレイドオフ（laid off）にトップを収めるほうがスムーズになり、方向性や効率性を高めることがバイオメカニクス（生体力学）によって示されるや否や、トップはできるだけコンパクトに収めるように変わる。これは、リアルタイムスイング解析器の「GEARS」（ギアーズスポーツ社）が出現する前の時代である。

にもかかわらず、トップでのシャフトの向きがレイドオフについては、デビッド・レッドベターの『Aスイング論』（2015年）ではどちらかと言えば、批判的な立場を取る。[12]だが、今日ではレイドオフが主流となったため、トップからの切り返しのタイミングでクラブを寝かせすぎずに自然落下させながら、手元を体に引き寄せるのではなく、いったん遠ざけるのがポイントである。この遠ざけるカウンター動作があるため、手首（親指と腕）の角度（90度）をハーフウェイダウンまでキープできる。その結果、右肘は常に左肘より下になり、両肩と両肘とグリップにできる3角形に近い5角形の面が崩れずに、160度ぐらいの適正なアームシャフト角でインパクトできるメリットがある。

この時右肘を注視するのは、ショットを加速させるために必要だからだ。もしインパクトの手前で右肘を伸ばすと、手元が浮いたり体が起き上がったりして、ヘッドがぶれやすくなり、ダフりやトップの原因になる。

(2)次にコッキングについてである。コッキングはアーリーコック派、レイトコック派、ノーコック派があり、それぞれにメリット・デメリットがあるため、どれが一番よいかは一概に言えない。日本のゴルフ教本では「コックは自然に備わるものであり、意識するものではない」と説く。しかし、厳密な意味でのノーコック派はあり得ない、と私は考える。コッキングの本来の役割は、梃子の原理の応用でスイングのエネルギー効率を上げるためのものである。そうは言っても、左手首を親指側に折り曲げる動作は日常生活にない動きのため、アマチュアにとってコッキングはある程度意識して身に付けるしかない。

しかるに、「コックなんて難しいことをごちゃごちゃ言うな」というゴルファーには、次のようなアドバイスをしておく。テークバックで左手が斜め45度の角度にきたとき、握りこぶしにした左手の甲が左前腕と一直線になるところが自分にとって正しいコックである。たかがこんなことでと思うかもしれないが、この仕草を取り入れることができるようになれば、コックの問題はすべて解決する。

そのうえで、両肘が脇腹のほうを向けば、前傾している両肩と両肘とグリップからなる3角形に近い5角形の面ができる。これによってボールと胸の距離を一定に保てるメリットもあり、後は左の上腕骨と肩甲骨と鎖骨からなる左肩関節へ力を逃がしてやると、自然とフォローが取れる。正しいスイングを目指したければ、こんな地道な努力を積み重ねながらヘッドを走らせるすべを身に付けるしかない。

⑶グリップについては、10本の指のうち右手は握り、左手は支えるのが基本である。「グリップはスイングのエンジンだ」と言うように、スイングのエネルギーを力に変えるものだ。

実際にやってみればわかることだが、手のひらを上に向ければ、人間の指は自然に曲がる特性がある。グリップの一体感を出すには、そこに引っ掛けるような握り方が自然である。注意すべき点として、左親指をシャフトの上に伸ばしておく、いわゆるロングサムではトップの位置で、どうしてもオーバースイングになりやすい欠点がある。そのため、①右手の親指に必要以上に力を入れず、親指と人差し指の付け根にできるVゾーンを軽く締め、②ライ角をキープしながら引き上げ、左親指が右手のひらの生命線に軽く当たるところで握るとグリップの一体感が出る。この一体感が出ればしめたもので、クラブのコントロールがいっそうスムーズになる。

端的に言えば、グリップしている右手のひらと左手親指の間に遊び（空間）があれば、トップ・オブ・ザ・スイングでクラブが正しく乗っている証しである。かつて岡本綾子は、ゴルフがうまいかどうかについては、「右手の親指と人差し指の付け根にできる『Vゾーン』の筋肉の発達を見ればわかる」[13]とさりげなく述べたのもそのためである。

右手の「Vゾーン」の筋肉の発達がないゴルファーは、スイング中の手首の角度がその都度変わりやすい人である。これとは別に、10本の指でもっとも大事なのはシャフトの支点となるところ、すなわちシャフトの一番端を支える左手の小指側である。この左手小指側は隙間なくしっかりとフッキングして、右手の人差し指と中指の間には指一本入るくらい空けておき、人差し指が銃の引き金（トリガー）を引く形になるのがグリップの基本だ。

次にシャフトのグリップの形状を考えればわかることだが、グリップエンド側から「先端側にかけて先細り」、いわゆる英語で言うtaper（テーパー）になっているため、力を入れて握る必要はない。どうしても右手の親指に必要以上に力を入れる癖のある人は、些細なことかもしれないが、重い買い物袋を持ち上げるのと同じように、右手の薬指と中指を下から引き上げるようにすると親指が力まずに済む。そのうえで左手の小指、薬指、中指で下に押し込むようにすると両手の一体感が出る。

　前述したように、「ゆるゆる」がよいかと言えばそうではなく、無理に「ゆるゆる」にすると、つまりそれ自体力を抜くと、その反動としてスイングの途中で強く握る弊害が起こりやすい。初心者のうちは、左手の小指、薬指、中指がスイング中に余計な動きをしないようにするために、アドレスからフォロースルーまでの間は一定の力加減でもって対応し、左手の小指側を支点にして、すなわち尺骨を軸にエネルギーを解放（リリース）する癖をつけてから、ゆるゆるグリップに挑戦しても遅くはない。

　もともと、グリップと手のひらの間に遊びがないとヘッドが走らないから、「ゆるゆるグリップ」を推奨したわけだが、ゆるければゆるいほどよいというわけでもない。

　結局、ゆるく握る効用の一つは、手首や肘の関節、肩周りの筋肉から無駄な力みを取り除き、可動域を広げるためのものである。[14] これだけは他人から教えてもらうわけにはいかない。ベストなグリップ・プレッシャーを自分なりに見つける以外に方法はない。私の場合は、グリップを意識するよりも、左肩関節を寄せて、左手の小指側に力を入れずにインパクトの瞬間にキュッと握りしめるようにしている。

ついでにゴルフスイングの始動は、「静」のアドレスから「動」のテークバックへの移行をいかにリズミカルに行うことができるかどうかにかかっている。たとえば、ティーイングエリアやコースの比較的フラットな場所でアドレスする場合、私は軽くワッグルしてから間髪を容れずにフォワードプレスを入れる。そして、テークバックするときは右手を引き上げ、左手を押し込みながら、この後足の裏の圧力を移動するようにしている。

最後に、クラブフェースの操作法については、次の四つのポイントにまとめてみた。

(1)切り返しのタイミングで「ゆっくり」(slow)ではなく、「ゆったり」(leisurely)振るためには、捻じりながら振る必要がある。それでは、なぜ「ゆっくり」ではなく、「ゆったり」揺らしてもボールが飛ぶのかという疑問が生じる。実は「ゆっくり」振るというのは人間の肩関節の複雑な構造からして意外と難しい動作なのである。

もともと肩関節は、上腕骨と肩甲骨と鎖骨からなる複合関節であるため、内旋動作を伴わなければスピードが乗らない仕組みになっている。この理由からもわかるように、アドレスで肩甲関節を適切な位置に保ち、安定させるためにどうしたらよいかが問題になる。これを可能にするのがショルダーパッキング（shoulder packing）である。

たとえば、生まれて初めてゴルフスイングした人でボールを遠くへ飛ばせる人が何と少ないことか。これはゴルフクラブそのものの構造を理解しないでスイングするからだ。ゴルフがうまくなりたければ、シャフトの長いドライバーでは背骨の軸を5～7度ぐらい右側に傾けて、体のぶれをなくさなければならない。

アドレスで最低でもお腹に力を入れて息を吸いながらバックスイング、トップからインパクトにかけて息を吐きながら思いっきりお腹を飛球線方向に向ければ、脊柱の安定性が高まり、腰にも優しい利点がある。

⑵ゴルフスイングではよく、スイングプレーンという言葉を使う。スイングプレーン(swing plane)とは、スイングをした際にシャフトの軌道が作る面のことである。この概念は１９５７年、ベン・ホーガンがスイング中にゴルフクラブが動く仮想プレーン(imaginary plane)として説いたものをその嚆矢とする。ホーガンプレーンあるいはショルダープレーンとも言うことがある。このプレーンは、アドレス(address the ball：ボールに対する構え)の姿勢を取ったとき、ボールと両肩を結ぶライン上に立てかけた大型のガラス板を想定したものだが、実際のスイングプレーンは平面ではなく、曲面である。にもかかわらず、ゴルフスイングの軌道を説明する際に便利なため、現在に至ってもその考え方を踏襲している。

続いて１９６９年、ホーマー・ケリー(Homer Kelley)が物理学的、幾何学的なゴルフスイング論を提唱する。その後２００５年、プロインストラクターのジム・ハーディー(Jim Hardy)は、ゴルフスイング論をワンプレーンスイング(One-Plane Swing)とツープレーンスイング（Two-Plane Swing）の二つのタイプに分けて提示する。[15] 彼のスイング論によると、体重移動の役割や胸、肩、腕の役割は、この二つのタイプのスイングでは驚くほど異なると言う。

ワンプレーンスイングは、骨盤からの前傾姿勢を深く取り、下半身をリードさせながら頸椎7番から胸椎12番を連鎖的に捻じって、肩の回転と左腕の回転が一つの回転面になりながら体を回すスイングである。そのためか、ワンプレーンスイングにおけるトップは深い前傾姿勢を取るので、「左右の肩のライン」と「左腕の状態」が平行になる。このスイングのメリットは打ちやすさにあるのだが、デメリットは、体がフラットな横回転になることから慣性力（遠心力と向心力）の影響でヘッド軌道がずれやすく、フェースの開閉のタイミングが取りづらい点にある。

これに対して、ツープレーンスイングにおけるトップは、比較的ボールの近くに立つため、ポスチャーでの前傾角度が浅い分、肩はほぼ水平になり、左腕でスイングプレーンをなぞるようにアップライトに上げるので、「左右の肩のライン」と「左腕の状態」がクロスする。なぜなら、クラブをアップライトに上げるため、腕は縦に使いながら肩を水平に回すからだ。このスイングのメリットはトップが高くなる分飛距離を稼げるのだが、デメリットは、うまくタイミングを取れないとコントロールが難しい点にある。

体の柔軟性や体格の違いなどによって、どっちがよいかどうかは一概に言えないが、スイングがシンプルで再現性が高いのはワンプレーンスイングであり、飛距離を伸ばせるのはツープレーンスイングである。ジム・ハーディー自身も述べたとおり、どっちのスイングがよいか悪いかではなく、二つを混同しないで身に付けることだ。

(3)フォロースルー（follow-through）についてはこの後でも詳しく説明するが、ここでは一言付け加えておく。われわれはフォロースルーとは言うものの、フォロースイングとは言わないように、あくまでもスイングではなく、スルー（振り抜き）である。

ちなみに、打ち終わった後のフォロースルーを意識してどんな意味があるかと疑問に思う人がいるかもしれないが、実は最初から打ち終わった後のフォローを意識しないと、スイングの出口（力を逃がしてやるところ）が歪になり、その都度スイングプレーンが異なる。実はプロとアマチュアの決定的な違いが出るところでもある。

してみると、フォロースルーを意識できない人は「リリース」（解放）の概念が希薄で、出たとこ勝負になりやすく、自分の持ち球を意識できない人だといえる。この件に関しては第2章でも検討するので、このくらいにしておく。

(4)アマチュアの永遠のテーマである左肘を引く（チキンウィング）癖を治すためには、基本的に頭の突っ込みをなくさなければならない。私の場合は、頭の突っ込みをなくすべく無理に固定したため、リストを返して引っ掛けるようになった経験がある。

いずれにしても、スイング中に前傾姿勢を起こしながらボールを追う「ヘッドアップ」ではなく、背骨の軸を右に傾けたまま右耳を右肩に近づけながら回転させるインパクト後の「ルックアップ」に変えなければならない。人によっては、「ルックアップもダメだ」という人もいるが、ショットに悪い影響を与えなければ問題ない、と私は思う。

ショットに自信がなく、不安が大きいアマチュアほど、頭を上げて結果をすぐに見ようとする。だが、ちゃんとヒットすると、弾道の高さが22～30ヤード近くに達するので、ボールを見るのはプロのように、弾道が最高到達点（apex）に達してからでも遅くはないはずだ。ヘッドアップすることで自らのスイング軸をずらしていることに気づかなければならない。


以上、ゴルフスイングの流れは①アドレス（セットアップ）、②テークバック、③ハーフウェイバック（バックスイングで手元が腰の高さに来る位置）、④スリークォーターバック（バックスイングで手元が肩の高さに来る位置）、⑤トップ・オブ・ザ・スイング、⑥ターン（切り返し）、⑦スリークォーターダウン（ダウンスイングで手元が肩の高さに来る位置）、⑧ハーフウェイダウン（ダウンスイングで手元が腰の高さに来る位置）、⑨インパクト、⑩フォロースルー、⑪フィニッシュの順序が絶対条件である。

スイングしたら終わりではなく、フォロースルーで左脇が自然に締まるのはインパクトでボールを押し出すことができた証しである。最初にスイングありきではないが、ゴルフを続ける限り、自分にとってもっとも適したスイングを是非見つけてほしい。

第2節　スイングの方法

前節ではクラブフェースの操作法について述べたが、この第2節では、ゴルフ教本から私が理解できなかったスイングの方法を提示し、それをどうやって解釈したかを述べることとする。なお、私が通うゴルフスクールの先生方のご協力を得て問答形式にしてみた。

前述のとおりジム・ハーディーが、現代のゴルフスイング論をワンプレーンスイング（One-Plane Swing）とツープレーンスイング（Two-Plane Swing）に分けたのが２００５年である。彼のゴルフスイング論によれば、個人の体形や筋力、柔軟性などにより、どっちのスイングがよいかどうかは一概に言えないらしい。[16]でも、ジュニアのころからゴルフを始め、リズム感がよく長身の人はツープレーンスイングがよく、これに対してワンプレーンスイングはツープレーンスイングに比べて、飛距離は落ちるものの、体幹を意識し両腕のポジションの入れ替えができる人にとっては、安定感が高まるスイングだ。

ところで、日本でも２０１３年からゴルフ用レーダー弾道計測器の「トラックマン」（トラックマン社）が登場する。この「トラックマン」を開発したデンマークのトラックマン社の報告によると、１９９４年のセオドア・Ｐ・ジョーゲンセン（Theodore P. Jorgensen）が唱えたDプレーン理論に基づき、次のようなことを測定できるようになったという。[17]

①クラブスピード（club speed：ヘッドスピードのことだが、正しくはクラブヘッドがインパクト直前に移動する速度。ドライバーの場合、おおよそキャリー÷5・5）
②ボールスピード（ball speed：ボール初速のこと。ヘッドスピード×ミート率、ヘッドスピードの1・4〜1・5倍、この4倍がだいたいの飛距離）
③スピンレート（spin rate：ボールの回転数）
④アタックアングル（attack angle：クラブヘッドの入射角。具体的にはアッパーブローやダウンブローの度合い）
⑤キャリー（carry：ボールが着地するまでの距離）
⑥スマッシュファクター（smash factor：ミート率のこと。ボール初速÷ヘッドスピード、最大値1・56）
⑦ダイナミックロフト（dynamic loft：インパクト時のボールとクラブフェースの接触面中心点が作る垂直角、すなわちインパクト時のロフト角）
⑧ラウンチアングル（launch angle：打ち出し角。ドライバーの場合、ヘッドスピードが45m／s前後なら9〜10度、ヘッドスピードが40〜44m／sなら10〜14度、ヘッドスピードが35〜39m／sなら15度前後が最適な打ち出し角）

など、31のパラメーターが測定可能だという。

本書でもゴルフ用弾道計測器の「トラックマン」の用語をたびたび使用するので、覚えておくと便利だ。それでは早速、日本におけるゴルフ教本から例文を挙げて、ゴルフスイングの基本における方法を検討する。

第一の例文は、「トップからの第一歩、切り返しのタイミングで重力を利用しながら自然落下させてスイングプレーンに乗せ、ヘッドを徐々に加速せよ」とゴルフ教本ではアドバイスする。

この場合の「自然落下」とは何を意味するのだろうか。恐らくこれはトップからの切り返し動作の一部ゆえに、意識したり力んだりするものではないのはわかるが、プレーンに乗せ、ヘッドを加速するための何か適当な練習ドリルがあるのだろうか。

ゴルフスクールの先生曰く、「トップからの切り返しのタイミングでいきなりボールを打ちに行くのではなく、シャフトを寝かせてループを描くように右肩後方に下ろしてスイングするとよい」

私のつぶやき、「手で振り下ろすのではダメですか」

先生曰く、「手は器用だからうまくいくときもあるが、体で覚えなければプレッシャーがかかったときに安定したスイングができない」

第二の例文は、「右膝をアドレス位置に固定し、右内腿の張りを保ったままクラブを振り上

げよ」

この例文に対してスクールの先生曰く、「最近の理論はスウェイさせずに右膝を伸ばしながらクラブを上げてもよい。かつては一度右膝を伸ばし、右内転筋から張りを逃がすと軸ぶれが起こり、スイングが不安定になるからダメだと言ったが、今は、バックスイングで右骨盤が高いほど力いっぱい踏み込める利点が多いために言わなくなった」

第三の例文は、「バックスイングで体を回す意識は不要だが、右肘を支点にクラブを正しく振り上げることだけを意識せよ」

この例文に対しては先生から次のようなアドバイスをいただく。「これは体を必要以上に回しすぎると、捻じれパワーがほどけるため、右肘を支点にクラブヘッドをターゲットラインに対して平行になるように、引き上げることを示唆した言葉である。要はバックスイングの開始、すなわちテークバックでいきなり手元を浮かしたまま、クラブを体の後ろに引く動作を戒めた言葉。初めのうちはハーフウェイバックまでは右肘の角度を変えずに持ってきてはどうだろうか」

「アマチュアの多くがバックスイングの概念を勘違いし、その結果トップからの切り返しでの『間』のないスイングになる。実は、バックスイングでしっかり捻転すると、インパクトに向けてフェースがスクエアに戻ってくるまでの『タイムラグ』(時間差)を作ることができる」

最後の例文は、「体重移動とクラブの軌道で、ボールをより遠くへより正確に飛ばす」

この例文に対しては先生から「インパクトの瞬間は点ではなく、ゾーンを描く」という指摘を受ける。しかしながら、インパクトゾーンに関してははっきりした定義があるわけではないが、インパクト前後の楕円上の軌道でボールの芯を打ち抜くことを想定しているのは確かなようだ。

私の疑問は「プロはインパクトでなく、フォロースルーでなぜビュンと音が聞こえるのか」ゴルフスクールの先生に尋ねると、「インパクトで最大にしようとすると、ビギナーは手首のほどきが早くなる。その結果、ヘッドスピードがフォローで最大にならない。それを防止するには、ヘッドがインパクトで加速し、フォローでビュンと音だけが聞こえるのが一番よい」とおっしゃる。

ゴルフ教本に対する疑問はこのくらいにして、次の問題はどうだろうか。たとえば、大人からゴルフを始めた私のような人のミスの一つに、次のような動作がある。アイアンの場合、よくアドレスでリーディングエッジをターゲットラインに対してスクエアにセットし、インパクトで無理にスクエアにリーディングエッジをボールの下に入れようとする。

実は、これが「不都合な真実」のインパクトの一つである。では、成功させるためのセットアップはどうしたらよいのだろうか。不安を鎮めるため、スタンスを取る前に次のようなルーティンを取り入れてみるのも一つの方法である。

剣道でいう中段の構えのように、喉元ぐらいの高さにクラブヘッドを上げて、フェースのスコアラインの向きをスクエアに合わせる。その時腕とシャフトの間にできるアームシャフト角を決め、その決めた角度を変えず、シャフトが地面と水平になったときに一度止めて、トゥアップした状態のままソールする。

意地悪い発言だが、こんなたわいのない行動習慣ができるようになれば、ゴルフのミスは極端に減る。それではアイアンで「不都合な真実」のミスショットを避けるためにはどうしたらよいか、具体的な例を挙げて検討しよう。

⑴アドレスでソール全体を地面につけて構え、ボールの下にリーディングエッジを神業のように入れて、当てるのが真実のスイングだと勘違いしている人。

このイメージでボールを狙うと、インパクトはダフるか、フェースが被ってボールが左に飛び出すかのいずれかである。一番の問題は、よしんば当たったとしても一瞬のコンタクトでは球筋をコントロールすることができない。

⑵構えた位置に手元を戻し、ボールの真後ろをダイレクトに当てるのが真実のスイングだと勘違いしている人。

正しいインパクトのあり方は、光学式モーションキャプチャーシステムを用いて測定する「GEARS」（ギアーズスポーツ社）からのデータを見る限り、フェースはターゲットラインに対してオープンになる。したがって、アイアンの場合、ハンドファーストの状態でリーディングエッジがまずボールの赤道下に当たり、このインパクトの衝撃でボールを芝に押し付けるため、ボールにバックスピンがかかりフェースの中心近くまで駆け上がる。そこで、フェースの芯に当たり、その後でターフを取りながら閉じていく。

⑶最下点でボールをクリーンに当てるのが真実のスイングだと勘違いしている人。

アイアンの場合、ゴルファーから一番遠いところがクラブヘッドの最下点であるため、時計の文字盤でいう3時に当たり9時に抜けるよりも、インサイドに当たりアウトサイドに抜け、最下点を通りインサイドに閉じていく軌道になる。このようにインパクト後に最下点を通りインサイドに抜けていくので、インパクトまでのスイング軌道はインサイド・アウトになり、その後の最下点でターフを取るときにスクエアになる。

したがって、⑴から⑶で共通して言えることは、無理にボールをめがけて当てに行くことではなく、アイアンでは最下点へ向かう途中でボールをとらえることができたかどうかがカギになる。

一方、ドライバーの場合、フェースの芯（sweet spot）に当たるに越したことはないが、フェースに当たった瞬間に飛び出すわけではない。ボールとの接触の時間は1万分の5秒、その間ボールは、潰れながらロフトに傾きがあるためフェースを駆け上がる。この駆け上がる途上で、ボール初速と打ち出し角度とスピン量を得て飛び出すことになる。何かこの現象の裏にはインパクトの神秘性を感じる。

これまでの議論では、重心深度が浅いアイアンに関してはギア効果がないのではと思われていたが、ゴルフ用弾道計測器の「トラックマン」（トラックマン社）によると、アイアンも次のようなギア効果があるらしい。

たとえば、7番アイアンでは、フェースアングルがスクエアでもセンターからトゥ側に0・5インチ外すとスピンアクシスはマイナス7度になり、170ヤード先では左に8ヤードずれる。アイアンにおける細かな数値は別にして、芯を外し、芯の上部のトゥ側にボールが当たるとドロー回転がかかってスピン量が減少し、ランが出て飛距離が伸びる、いわゆるギア効果が期待できるという。

あえて芯を外すような神がかりなスイングが、アマチュアゴルファーにとってできるかどうかは別として、残念ながらミスの原因がわからず、闇雲に練習してもゴルフは上達しない。オーバートレーニング症候群に陥るだけである。ミスショットには、必ず原因がある。原因がわかれば練習の仕方も変わらざるを得ない。

第3章第4節「ダウンブローの打ち方」でも詳しく述べるが、アイアンにおいては、最初にボールの赤道下にヘッドが入る打ち方をマスターしなければならない。つまるところ、

(1) ターフを取るようなダウンブローはスイングした後の結果としての「現象」にすぎ

ず、プロは無理にターフを取っているわけではない。ターフを取らざるを得ないのは、フェースにボールが当たった後に、その衝撃で一瞬ロフトが立ち、そのはずみでヘッドが沈み込むから最下点でターフが取れるにすぎない。

(2) その間にグリップ一個分ぐらいハンドファーストになることを考えると、リーディングエッジがまずボールの赤道下に当たる。このインパクトの衝撃でボールを芝に押し付けるためボールにバックスピンがかかり、フェースの中心近くまで駆け上がりながらハンドファーストで当たるので、ロフトが10度ぐらい立つ。たとえば、33度の7番アイアンだと、23度の4番アイアンのロフトでインパクトしていることになる。

(3) それによってボール初速と打ち出し角度とバックスピン量が決まり、グリーン上のピン近くに止めることが可能になる。プロの使う重心距離の短い操作性の高い、マッスルバック型アイアンのスイートスポットの位置が高いのはそのためである。

アマチュアに意識してほしいのは、ボールの先の最下点を考え、ヘッドを入れる打ち方に変えることができるかどうかということである。

アイアンはドライバーのように、直接スイートスポットに当てず、ハンドファーストの状態でリーディングエッジがまずボールの赤道下に当たる。それこそゴルファーの腕の見せどころである。成功させるためには、左肩口の向きがターゲットラインに対してスクエアになっているかどうか、あるいは160度ぐらいのアームシャフト角で振れているかどうかがキーポイント。慣れたらこんなことをする必要はないが、調子が悪くなったときには、ジャック・ニクラウスの言うように、「ボールに対するクラブセットのルーティン」を実行してほしい。

結局、ボールのどこを見て打つかどうかを議論してもあまり意味がないことがわかる。ボールの軌道をイメージして視線を合わせるくらいで丁度よいからだ。ちなみに、米国におけるPGAツアーの男子選手の平均では、たとえば7番アイアンでヘッドの入射角は、マイナス4・3度、打ち出し角は16・3度、キャリーで172ヤード、LPGAツアーの女子選手の平均では、ヘッドの入射角はマイナス2・3度、打ち出し角は19度、キャリーで141ヤードという。男子プロのような打ち方をするにはある程度のヘッドスピードが求められるが、アマチュアにとって、女子プロのような緩やかなダウンブローの打ち方は参考になるはずだ。

ここで一度整理する意味でアマチュアを大別すれば、次のような二つの要因によるミスショットが多い。一つは、ダウンスイングの始動で手首の角度がほどけてクラブヘッドから下がる場合である。これでは、キャスティングおよびアーリーリリースによるアウトサイド・インのアップワードブローになるか、ボールの手前を叩くかのいずれかである。結果ヘッドが走らず、いつまでもスライスの飛ばない球かダフりやトップしか出ない。いま一つは、それを嫌ってインサイドから打とうとすれば、どうしてもトップからの切り返しのタイミングが遅くなり、体だけが先行する。これもまたクラブが寝て、フェースが開いてスライスの飛ばない球しか出ない。それを嫌って、クラブが寝た状態を改善しようと手を返すと、今度は引っ掛けが出る。

これらを改善するには、トップからの切り返しのタイミングで右肘は常に左肘より下に来るようにして、ハーフウェイダウンの位置に来たときには左手の甲が正面を向き、シャフトが地面に平行、かつシャフトの延長線がターゲットライン上にあるかどうかをチェックする必要がある。

もう一度確認しておこう。トップでの切り返しからダウンスイングにかけて考えればわかることだが、この間の最適なスイング軌道で起こる現象は、手元が動く距離に比べて、ヘッドの動く距離が小さいということだ。たとえば、プロゴルファーはトップからの切り返しの瞬間に重心を下げるための下半身リードの沈み込みで、肩まで手元が30センチ移動する間に、クラブヘッドそのものは頭の後ろで、たった10センチしか移動しない。この場合、私は下半身の沈み込みの後に、手元を右太腿の前の方向に捻じりながら目で追うような感覚でダウンスイングしている。ただし、手元が右太腿の前と言っても、あまり近すぎると体が起き上がったり、インパクトで詰まったりする原因になるので、自分の最適な位置を確認する必要がある。

このことからもわかる通り、ゴルフスイングにおいて一番難しいところだが、この下半身リードはトップに向かって動いている最中に、その準備が始まっている。ある実験によると、スイング中にもっとも大きく使う筋肉は、両足の大腿二頭筋（太腿の裏側の筋肉）と外側広筋（大腿四頭筋の一つ）、そして右の腹斜筋（脇腹の筋肉）と腹横筋（お腹のコルセット筋肉）だということだ。

ダウンスイングにおいて気をつけるべきことは多々あるが、主なものは次の二つに要約できる。一つは、シャフトがハーフウェイダウンの位置に来たとき、手元が右太腿の前方にあるかどうか、すなわち手元が目標方向に真っすぐ出過ぎていないかどうかのチェック。いま一つは、この過程で当てに行く意識が逸って右肘が左肘より高くなりすぎたり、右肩や右骨盤だけを先行させせたり、右膝が前に出たりする癖のある人は、「アップワードブロー」（upward blow：「あおり打ち」「すくい打ち」「しゃくり打ち」）を招いていないかどうかのチェックが必要である。悪いことにこの打ち方に慣れると、インパクトのときにすでに胸が回り切って、フィニッシュを取ることができなくなる。

ビギナーのスイングを見る限り、ボールをめがけて当てに行く気持ちが先立ち、どうしても右手首のリリースポイントが早くなるため、インパクト前にバランスを欠いて体がふらついてしまう。これだけふらついてしまうとスイング軸が安定せず、フィニッシュどころではないはずだ。練習場でフィニッシュが取れない人は、このような問題を抱えているといっても過言ではない。当然、フェースはスクエアにならず、開いた状態でインパクトを迎える。もしこれを回避したければ今度は手をこねるしかない。

インパクトに向けてトップ選手は、骨盤が最初に減速、次に左肘から手元にかけて減速、そして胸が減速する反面、ヘッドスピードが速くなるという最近のリアルタイムスイング解析器の「ＧＥＡＲＳ」（ギアーズスポーツ社）からの報告がある。シャフトだけを見ての話だが、回転の支える側（手元側）と作用する側（クラブヘッド側）の動きを理解することが肝要だ。米国のゴルフ教本では股関節の回転は体重移動ではなく、単なるピボット（回転運動）だと片付ける。


これに関連して問題になるのが頭の動きである。ゴルフ教本ではよく「頭を動かすな」という常套句が出てくる。しかし、頭は体重の１割前後を占めるため、頭の動きは上下左右で半個分ぐらいが許容範囲内なので、「顎」と「頭」を分けた使い方のほうが理に適っている。

少し突き放して考えてみれば、身体が動くときは必ず、動作に関する関節の周りで回転運動が起こる。われわれは、回転の軸から起きる働き度合いを「力のモーメント」と呼ぶ。たとえば、ローリング・スクワット動作の回転軸は膝関節の中心、力点は体の重心、しかもこの重心は、直立の場合には骨盤内の仙骨のやや前方へ、そこに骨盤からの前傾が入ると臍下丹田の方へ移動する。したがって、力点と回転軸の距離が短くなればなるほど、膝への負担をかけず、効率良く筋力アップが狙える。

デビッド・レッドベターによると、ベン・ホーガンですら、ダウンスイングでは自分が設定したホーガンプレーンから外れていたと言う。[18] ゴルフスイングの仮想と現実の違いだが、ホーガンのプレーンは彼自身も述べているとおり、あくまでも「仮想プレーン」(imaginary plane) である。私は、ホーガンのプレーンで大事なのはヘッド軌道だと理解している。

ところで、ギアーズスポーツ社が米国を代表する男女トップ選手40人のスイングのデータを集め、解析したものがあるので、次に紹介しよう。

ゴルフスイング中の体とクラブの動きをデジタル化したり、それを時間軸に沿ってグラフ化したりして3次元で解析したデータによると、右肘がインパクトで27度前後に曲げた状態で、右肩をターゲットラインに対して9度前後開きながら振り抜くとヘッドが加速するとのことだ。これまでのゴルフ教本では「右肩は開くな」というが、このデータでは「9度前後開く」ことが明らかになる。

このリアルタイムスイング解析器の「GEARS」では8台のカメラを用いる。被験者は、モーションキャプチャー用のボディスーツを着用する。そして、モーションキャプチャー用の帽子を被って膝あてを着け、靴を履くなどして全体で26カ所の反射マーカーをつける。そのうえで、6カ所に反射マーカーをつけたクラブを振ることでデータを収集する。

具体的に言えば、飛距離を向上させるためには、次の10項目にわたりクラブスイングの動きを3次元で360度から解析する。①スイングプレーン、②インパクトの位置、③ヘッドスピード、④シャフトの撓り、⑤フェース方向、⑥フック・スライスの軌道、⑦インパクトロフト角、⑧方向角、⑨インパクトライ角、⑩インパクト時のヘッド角度である。

次に人間の主要な関節に取り付けたセンサーで、①肩の角度、②ヒップアングル、③膝の角度、④つま先の角度、⑤背骨の角度、⑥ボディラインなどのデータを測定する。そこから①クラブデータ、②軸の傾き・横移動量、③体の捻じれ具合、④手首の角度、⑤入射角・ロフト角、⑥シャフトのスピード・撓り具合、⑦関節の動き、⑧運動連鎖（キネマティック・シークエンス）などの情報を突き合わせながら、ゴルフスイングのフォームを分析して被験者に的確にアドバイスを提供する。

これまで経験則で語ることの多かったスイングのあり方についても、エビデンス（科学的根拠）に基づき理論的に説明できるようになったことはうれしい限りだ。しかし、エビデンスがなければ科学ではないという人が多くなるのは結構なことだが、エビデンス主義というのはある種のニヒリズムに近いものがある。なぜなら、スイングをどう解けばよいかわからないにもかかわらず、皆が相対的に認められた平均や確率的な思考でその場をしのごうとしているからだ。

科学的に耐え得る理論とは、L・ヴィトゲンシュタインやR・カルナップなどが唱えた検証可能性や、K・ポパーやその追随者のポパーリアンなどが唱えた反証可能性を残したものなのである。ただポパーによれば、ヴィトゲンシュタインやカルナップにおける論理実証主義者の検証可能性の基準は科学の基準としては厳しすぎると批判した上で、理論の正しさを証明しようと努力するのではなく、その誤りを発見しようとすることから科学は進歩するという。したがって、自分は絶対に正しいと主張するのは構わないが、常に経験則にも照らし合わせながら検証や反証を疎かにしないようにしてほしい。

いずれにしても、科学と科学的客観性は科学者の客観的たろうとする努力に由来するものではなく、科学者集団の時には友好的、時には敵対的な共同的営為に由来するものだ。[19] ましてやプロのゴルフスイングのデータをアマチュアの個々人にどう生かすかについては、慎重に対応しなければならない。

第3節　よいスイングは正しいセットアップから始まる

前節ではスイングの方法を議論したので、この節ではセットアップ（setup）の基本を確認しておこう。セットアップとは、アドレスの際におけるプレイヤーの構えのことである。その後、スタンス（stance）を取って、ポスチャー（posture）を作り、アライメント（alignment）を確立してボールをスイングすることになる。ルール上は、クラブのソールを地面につけたときにアドレスとみなす。ポスチャーとはセットアップしたときの「姿勢」のことであり、アライメントとは目標に対する体とクラブの「方向取り」のことである。

セットアップをするに当たって一番大切なのは、この一連の動作を一定の時間内に収めることができるかどうかということである。私の場合はまず、軽く頭は下げて、顎を出しすぎず引きすぎず重心を下げ、股関節軸を定める。もしどうしてもイメージがつかめなければ、アドレスしたままその場でジャンプし、どっしりとバランスよく着地した姿勢がアドレスの理想である。参考にしたければ、米国女子ツアーなどで活躍している畑岡奈紗のショット前のルーティンジャンプである。

もともとゴルフではグリップしたとき、右手が左手より下に来る分だけ、右肩が突っ込みやすい姿勢になる。スピンアウト（上半身と下半身の捻転差パワーがないまま、腰が過剰に引けて回転すること）を防止するためにも右肘にゆとりを持たせたい。そうすることで、右肘がたたみやすくなってクラブが正しい軌道で上がっていく。後はダウンスイングで体を「骨盤」（下半身リード）→「腕」（腕のローテーション）→「胸」（胸の捻じれ）→「クラブ」（正しいクラブパス）の順番で加速させることで、効率的なスイングが実現する。

以上がセットアップの基本である。実はセットアップの善し悪しで、スイングの8割が決まるという。そのくらいセットアップはゴルフにとって重要な意味がある。

ここではドライバーとアイアンの場合に分けて考える。ドライバーの場合は、体の正面から見てアルファベットの「K」の字を反転させた逆「K」の字で構える。英語では“Revers K

Setup” と表現する。ただし、逆「K」の字で構えるとは言ったが、逆「K」の字も程度問題であって、あまり逆「K」の字になりすぎると両足で地面を強く踏めなくなったり、股関節を軸にしたヒップターンができなくなったりするので、その辺は2～3センチぐらいのヒップのスライドと、5～7度ぐらいの軸の傾きとの範囲内で、自分なりにフィットするところを探す必要がある。

また、ドライバーでは上半身、特に右肩はなるべく後ろに引いて構え、下半身は膝を曲げずに膝頭があまり前に出ないようにして構えるとよい。

現代のインパクトの姿勢は、左足全体は左足の真上で伸ばさずに上体をやや沈んだ姿勢にする。そのほうが縦方向のトルクがかかってヘッドのトゥダウン現象が始まり、１６０度ぐらいのアームシャフト角でインパクトすることができ、しかも股関節軸が安定してヘッド・ビハインド・ザ・ボールを維持できる。すなわち、英語で言う “How to keep your head behind the ball in the golf swing at impact.” になる。

ここでは先に、グリップするときの注意点から簡潔に述べておこう。

(1) 左親指はショートサムにして、左手は小指、薬指、中指で握り、右手は薬指と中指で支える。その時、左手の小指側に力を入れずに、インパクトの瞬間にキュッと握りしめるようになれば問題ない。

(2)　次に、右手の親指に必要以上に力を入れず、右手は親指と人差し指の付け根にできるVゾーンを軽く締めながらライ角をキープする。

(3)　左手は引っ張りながら左親指を右手のひらの生命線に軽く当て、両手の一体感を感じるところがベストグリップになる。

次章でも詳しく述べるが、注意すべき点として、トップで左手首が甲側に折れないようにすることだ。なぜなら、左手首が「甲側に折れる」(cupped wrist) とフェースが開き、ボールがつかまらなくなるからだ。よっぽどゴルフに精通していないと、本人自身が原因を発見するのが意外に難しく、これはスイング難病の一つともいえる。

人間は、体に重みをかける「加重」の動作を開始する直前に、その動作と逆の重みを抜く「抜重」というカウンター動作を取ることが欠かせない。ゴルフにおけるワッグル (waggle) やフォワードプレス (forward press) などもテークバックのためのカウンター動作にすぎず、ベン・ホーガンによると、ワッグルやフォワードプレスは筋肉の緊張や硬直を防ぐための体のチューンナップに他ならないと言う。

でも、ワッグルやフォワードプレスなどのカウンター動作には特別な方法があるわけではない。強いて言うなら、ワッグルとは両手と両腕でクラブヘッドを上下、左右、前後に小刻みに動かしたり、その場で軽い足踏みをしたりする動作である。フォワードプレスについても同様で、スイングの始動のきっかけとなる動きゆえに、グリップを目標方向へ動かしたり、ほんの少し右足の踵を上げ下げしたり、右膝を内側に入れたり、クラブヘッドのソール部分で芝生をさりげなくトントンと叩いたりする動作である。

このように各部位の協調による動きが連鎖すると、「静」のアドレスから「動」のテークバックへの移行をスムーズにする効果がある。ホーガンのように、フォワードプレスをワッグルの中に取り入れ、一体化したカウンター動作をしても構わない。

とはいえ、ゴルフスクールの先生は「構のための構えをするな」と戒める。アドレスでのこだわりが必ずしもよいショットを生むとは限らないから、ビギナーにとっては永遠の課題である。

第4節　バックスイングとダウンスイングの正しい取り方

ゴルフ教本では「バックスイングでは右足に体重を乗せ、ダウンスイングでは左足に体重を乗せる」と述べている。もしこの通り行えば、確かに、しっかり体重移動はできるはずだが、このように左右の体重移動を意識して行うとアマチュアの多くは、スウェイをする。

スウェイ（sway）とは、バックスイングとダウンスイングのときに体、特に骨盤の中心が流れ、スタンス幅よりも外側に出ることをいう。程度問題だが、バックスイングで大きくスウェイすると体重が右側に流れ、その反動としてダウンスイングでも左側に大きく流れる。

アマチュアは往々、下半身を回転させればさせるほど力強いスイングができると思いきや、実はそれによって股関節軸が「ぶれ」たり目線の位置が「ずれ」たりする。この「ぶれ」や「ずれ」を手で巧みにカバーしようとするため、スウェイを改善するのはそう簡単なことではない。しかし実際は、ゴルフ用弾道計測器の「トラックマン」（トラックマン社）によると、トップで「骨盤」だけでなく、「肩」も「みぞおち」も4センチずつ右にスウェイして頭の位置も半分ぐらい右にズレるらしい。

この問題は後で解くとして、日本のゴルフ教本ではハーフウェイバックについての議論をあまり見かけない。米国のゴルフ教本では、クラブがシャフトプレーンをなぞるかどうかは、その後のスイングに大きな影響を与えるために詳しく説明する。したがって、テークバックで気をつけたいのは、手元を浮かせたり手首を時計回りにローリングさせたりして、必要以上にインサイドに引かないことだ。これはゴルフで一番やってはいけない動作である。

厳密に言うと、テークバックの位置に来たとき、体が斜め右に前傾している関係上、ヘッドがグリップよりも前に出るのがヘッドの正しい位置である。そのうえで、これはドライバーだろうがアイアンだろうがフェースがボールのほうを向き、フェースの向きが許容範囲の0度から下向き10度の間に収まることで、合成重心クラブのヘッドをコントロールすることができる。

シャフトがターゲットラインと水平になるハーフウェイバックまで上げ、グリップよりヘッドが高い状態になるので、後は自由に上げてよい。

いま一つ、左親指の方向に手首を折り曲げる「コッキング」(wrist cocking)と右手首を甲側に折り曲げる「ヒンジング」(wrist hinging)のタイミングである。まず、コッキングのタイミングから議論しよう。時計の文字盤でいうとコッキングが入る7時(ハーフウェイバック)から完了する9時(スリークォーターバック)に達するとき、シャフトの短いものは前傾角度が深く、かつスタンス幅が狭いのでコッキングは早くなるが、シャフトの長いものほど遅くなる。右内腿の前を基準に、アーリーコックでもレイトコックでも構わないが、最初に自分に合ったコッキングの始動の位置を決めてからテークバックすればよい。

コック&ヒンジの基本は腕の力に頼らず、始動はヒップからのターンを優先させ、スウェイさせずに右膝を伸ばしながら右股関節を後ろに引くように捻じる。その後コッキングとヒンジングを入れると同時に、次に胸を捻じり回しながら左脇腹をサイドベンドして、左肩関節を押し込むことで、頸椎7番から胸椎12番が連鎖的に捻じれて右肩全体がつり上がる。その間に右肘を地面に向けるように回して上げると、トップは完了する。

初心者のうちはまだ、テークバックでクラブフェースが体の正面から見て斜めの45度ぐらいまでは比較的ゆったり上げても構わない。この肩からのテークバックによって手だけでひょいと振り上げなくなり、少ないカウンター動作で腕全体を効率的に動かすことができる。

前述したようにカウンター動作とは、人間がある動作を開始する直前に、その動作と逆の動きをすることだが、ＰＧＡツアー選手を見る限り、カウンター動作がなく、はじめから開いている人も結構いる。でも、インパクトできちんと修正してくるから不思議だ。

これはプロの世界であって、われわれがこのことから学ぶべきは、「ハーフウェイバックなんかどうでもよい、インパクトさえしっかりしていれば」と啖呵を切りたいところだが、普段からインパクトでボールのとらえ方のイメージを描けず、かつ体幹を鍛えていない素人は、真似しないほうがよさそうだ。

ただし、体幹を鍛えるには遅すぎるということはなく、筋肉は何歳になっても鍛えることができる。あえて、かっこいいインパクトをしたければ、年齢に関係なく、それなりに体幹を鍛えておかなければならない。いまさら体幹を鍛えることができないなどとわがままを言う人には、最低でもお腹に力を入れて息を吸いながらバックスイング、トップからインパクトにかけて息を吐きながら思いっきりお腹を飛球線方向に向ける動作が取れれば、脊柱の安定性が高まり腰にも優しいスイングとなる。

ハーフウェイバックの位置では、フェースの向きを許容範囲の０度から下向き10度の間に収まるようにして、シャフトをターゲットラインと水平にする。その後、トップへ向けてヘッドをインサイドに引かず、ややアウトサイドに上げるくらいのほうが前傾姿勢を取っている関係上、正しい上げ方である。注意すべき点として、腕とクラブを効率的に振るには、たとえば、6番アイアンの場合、アドレスからトップまでのグリップエンドの移動距離は、平均でわずか75センチにすぎないということを認識しておきたい。

次に問題になるのは「バックスイングとダウンスイングの軌道は、同じでいいかどうか」ということだ。私が通うゴルフスクールの先生曰く、「試打用のゴルフロボットならいざ知らず、あまり気にする必要はない。理論的にはトップからの切り返しがあるため、ダウンスイングはバックスイングの軌道より内側になり、それによってタメができて、左膝をスライドさせながら下半身リード、その後のインパクト、そしてフォローがあるため楕円形になる」

一般論として言えば、アベレージゴルファーは非効率なオーバースイングになっている。アベレージゴルファーのオーバースイングの原因は、手だけでクラブをひょいと振り上げようとするところにある。本人は気がつかないかもしれないが、このような手だけの「ひょい上げ行為」では回転軸がないため、その勢いで圧力が若干左足に乗ってリバースになるのが関の山だ。悪いことに、その状態からダウンスイングに入れば、右足に圧力が残り、手打ちにならざるを得ない。

対策としては、トップからの切り返しのタイミングで重心を下げるための下半身リードの沈み込みがあり、ハーフウェイダウンからインパクトにかけて、今度は重心を上げるための胸の前屈姿勢、骨盤の後傾姿勢がある。このように、ヘッドがボールに当たった直後に当たり負けせず、加速するようなスイングをしない限り、効率的なスイングを確立できない。

もし、このように重心を下げたり上げたりしながらサイドベンドして肩関節を縦に使うようになれば、左右へのスウェイがなくなり、軸がぶれずに効率的なスイングができるようになる。

そう考えるとゴルフの場合、もう一つ問題を複雑にしているのが回転軸の動きである。人間の体は、軸の周りで回転するコマのようなものではなく、回転しながら右股関節軸、左股関節軸を形成する。どちらかというと回転するから軸が発生する。

そこでカギになるのがハーフウェイダウンである。たとえば、米国のゴルフ教本を見る限り、ダウンスイングの中間の位置、すなわち「ハーフウェイダウン」について多くの紙面を割く。このことからもわかる通り、問題はクラブがハーフウェイダウンを通過するとき、どのような姿勢を維持できるかどうかにかかっている。なぜなら、ハーフウェイダウンはクラブパス(club path：インパクトエリアでのクラブのインサイド・アウト、インサイド・スクエア・インサイド、アウトサイド・インの軌道）の入口であるからだ。

以下、トップからの切り返しからハーフウェイダウンの位置に来たときのチェック項目を列挙すれば、次のようになる。

(1) 胸を少し右側に向けたまま、手元を右太腿の前の方向に捻じりながらスイングしているかの確認。ただし、手元が右太腿の前と言っても、あまり近すぎると体が起き上がったり、インパクトで詰まったりする原因になるので、自分の最適な位置に収まっているかどうかの確認。

(2) 下半身リードで左足に80％の圧力移動からハーフウェイダウンの位置に来たときにカウンター動作として左足から右足の拇指球に圧力の5％をいったん戻し、右足の拇指球に25％の圧力移動ができているかどうかの確認。

(3) シャローイングで右肘を地面に向けたまま体の背後の方に下ろしたとき、コック＆ヒンジをキープしながらシャフトがターゲットラインと平行になっているかどうかの確認。

(4) その時手元が右太腿の前方に来て、フェースの向きが許容範囲の0度から下向き10度の間に収まっているかどうかの確認。

このようにハーフウェイダウンのところでチェックし、それができていれば問題はない。

そのうえで、自分のスタンスの位置から見て楕円状のクラブヘッドの軌道と最下点の関係をイメージしながら、特にアッパーブロー（ascending blow）で打たなければならないことを考えると、シャフトが長いドライバーでは、スイングアークの最下点（low point）からアウトサイド・インの軌道になる。ただし、このままアウトサイド・インだとクラブヘッドが先行するので、軌道をスクエアからインサイド・アウトにするためには、インパクト以降のフォロースルーでは、手元は左下（アウトサイド・イン）に抜ける動きになる一方、クラブヘッドは飛球線方向の外側に出さなければならない。

これに反して、アイアンではスイングアークの最下点に到達する途中でボールをとらえるダウンブロー（descending blow）で打たなければならないために、インサイド・アウトの軌道になる。しかし、このままインサイド・アウトだとハンドファーストでスイングすることが難しいので、クラブヘッドの軌道をスクエアからアウトサイド・インにするためには、インパクト以降のフォロースルーでは、左脇を空けないようにして飛球線方向の内側に振り抜かなければならない。

というのは、アイアンの場合、ヘッドを真っすぐに出す感じだとフェースは開いて距離が出ないが、飛球線方向の内側に振り抜くとインパクトでロフトが立ち、33度の7番アイアンだと23度の4番アイアンの距離を出せることになるからだ。

いま一つ考えなければならないことは、シャフトを立てたまま「手」で下ろすと右肩が突っ込み、トップからの軌道の距離が短くなり、かつ鋭角になりすぎるきらいがある。しかるに、「単に球に当てるという一点」から考えるべきではなく、フェースの向きをスクエアにして「インパクトゾーンを低く長くするにはどうしたらよいか」から考えるべきだ。最近、見直されたシャローイングはそれを解決する糸口になる。

シャロー（shallow）とは本来、「浅い」とか「緩やか」という意味だが、ゴルフ用語ではシャフトを「寝かせて下ろす」という意味で使う。実は、ボビー・ジョーンズ（1902－1971年）やベン・ホーガン（1912－1997年）の時代から使っていた馴染み深い言葉である。普通にスイングしてもシャローになる人も多いのだが、ここにきて弾道測定器や画像処理解析装置などの発達で科学的に分析できるようになってから、再び注目を浴びる。したがって、切り返しで下半身リードしながら、シャフトをシャローに寝かせて右肩後方に下ろすことで、クラブヘッドが一番速く振れるサイクロイド曲線（最速降下曲線：brachistochrone curve）に沿ったスイングが実現する。

最後に、手首の「タメ」を意識すべきかどうかの問題に移り、この節を締めくくろう。「タメ」（lag）とは、バックスイングで作った手首のコックを適度に保ったまま、レイトヒットすることである。何度も言うように、コック（wrist cock）とは「左手首を親指側に折り曲げる動きのこと」であり、ヒンジ（wrist hinge）とは「右手首を甲側に折り曲げる動きのこと」である。

そして、リリース（release）とは、インパクト直前にコック&ヒンジのエネルギーを「解放すること」である。このリリースを成功させるためにはハーフウェイダウンを通過する時まで、「タメ」を維持することができるかどうかにかかっている。もしリリースが早ければ、右足手前ですでに両腕が伸びてしまう。これではアップワードブローになるか、あるいはボールの手前を叩いてしまうことしかできない。したがって、リリースを遅くするには、これも自動的にできれば一番良いのだが、右肘と右手首をハーフウェイダウンまで曲げたまま、維持する必要がある。

確かに、「この時曲げた右肘と右手首の状態でインパクトまで動かし続ける練習を繰り返すことで、タメを作る感覚を養うことができる」とか、あるいは「タメのあるスイングを実現するためには、空間を作ることを意識しなければならない」とかとゴルフ教本では一方的に指摘するが、このようにハーフウェイダウンまで維持するのはそう簡単なことではない。

以下、それに対応するための必要な対策を考えてみよう。

(1)　「タメ」とは、単に手首の角度を意識的に維持しようとしたり、腕を意識的に遅くさせようとしたりするものではなく、トップからの切り返しのタイミングで沈み込むことにより、右肘が最初に下がってから、次に右前腕が下がると自動的に整うカウンター動作である。

⑵　それゆえに、タメは意識的に作るものではなく、厳密には一瞬、左肩が下がり右肩が上がることによって起こる現象である。

このことから、もしプロの写真を見て「タメ」だけを真似しても無意味な行為だと言い得る。もともと左肩と手首を支点とした2重振り子の原理を応用し、左前腕を捻じりながら引いて左手をサムダウンさせる。そうすることで、左手首が手のひら側に折れながら（あるいはそれほど折れずにフラットリストのままにしながら）回外する。同時に、右前腕を押し込むように捻じって右手をサムアップさせることで、右手首が手の甲側に折れながら回内するという一連の運動連鎖の中で行われる動作である。

その時のグリップは前述したように、左親指はショートサムにして、左手は小指、薬指、中指で握り、右手は薬指と中指で支える。この握り方の利点は、左手の小指側を支点にしながら尺骨を軸にリリースするため、クラブのコントロールがスムーズになることである。

考えてみればわかるとおり、ボールを遠くへ飛ばすにはまず、トップからの切り返しがあるため、ダウンスイングはバックスイングの軌道より内側にならざるを得ない。

その時気をつけたいのは次のとおりである。下半身でスイング全体をリードするには、布団たたきの要領でしっかりインパクトバックを叩く行為をイメージすることができるかどうかだ。

なかんずく、スリークォーターダウンからハーフウェイダウンにかけてコック&ヒンジを最大にさせることで、リリースの本当の意味がつかめるようになる。

しかるに、トップのシャフトの角度は通常、右手の親指と人差し指の付け根にできるVゾーンの当たる部分で決まる。その時右肘を極端に絞ろうとせず、かといって右肘を浮かせたフラインクグエルボーにしようとせず、自然に曲げておくと脇が締まってシャフトが寝るので、エルボープレーンをなぞって、シャフトを加速することができる。言い換えると、切り返しの瞬間に右手でギュッと握ってボールをめがけて当てに行くと、どうしても「下半身リードの沈み込み」→「右脇腹のサイドベンド」→「腕のローテーション」という下半身から上半身への運動連鎖をうまく活かせないだけでなく、その反動として右手首の角度もダウンスイングで早く解けてしまう。

残念ながら、アマチュアの95%がトップからの切り返しのタイミングで、左手首のコックと右手首のヒンジが解け、右肘が伸びているという報告がある。プロとアマチュアの決定的な違いは、プロは右手首から力を抜いてシャフトを右肩後方に下ろすが、アマチュアはトップの位置からいきなりボールをめがけて当てに行くため、コック&ヒンジが早く解け、その結果ヘッドスピードの減速を招くことになる。

この違いはなぜ生じるのか。意識を変えるだけで、プロのようになれるものなのだろうか。もしアマチュアが無理に「タメ」を作ろうとすれば、トップで手首（親指と腕）の90度の角度をハーフウェイダウンまで維持したまま、クラブを下ろし、インパクト直前に「タメ」を解いて、フェースをスクエアに合わせることができるのだろうか。

確かに、プロのスイングの瞬間写真を見るとそのような「タメ」があるように見える。しかし、プロはあの形を作ろうとしているわけではなく、あれはスイングという動作の中における一コマにすぎない。

とりわけカウンター動作としての「タメ」を作ろうとして、意識的にコック&ヒンジを固定して右肘をV字に絞ろうとしたり、腕を意識的に遅れさせようとしたりしながらダウンスイングすれば、ヒップがスタンス幅から出て「く」の字に折れる可能性がある。このように、ヒップが必要以上に「く」の字にスウェイすれば、ほとんどのゴルファーはその反動として右肩が下がり、左肩が上がる。右肩がこれだけ下がった状態ではダフりしか生ぜず、これを避けようとすれば、今度は強引に手首をこねるしかなくなる。

「タメ」がどうしても必要かどうかについては、まだ結論が出ていないが、シンガポールでDBゴルフセンターのオーナー兼ゴルフインストラクターとして活躍しているダビデ・ベリトリ(Davide Bertori)の日本におけるセミナーが話題になっている。聞くところによれば、これまでのように手首やフェースローテーションを積極的に使って打つゴルファーを「レジスター」(resister)派と呼び、これに対して、体の回転と腕の入れ替えを同調させて打つゴルファーを

「リリーサー」(releaser) 派と呼んでいるという。もしそうであれば、ハーフウェイダウンの位置で以前ほどV字型のタメにこだわる必要がなくなり、L字型のタメでも十分通用できる証しかもしれない。

最新のドライバーに関しては、ヘッドの大型化で重心距離が長くなったり重心深度が深くなったりしているので、スイングにおける「タメ」は「タメすぎずに適度にタマっている状態がよい」などと揶揄される所以もここにあるように思う。

第５節　ハンドファーストだからといってハンドファーストインパクトを意識しない

アイアンで飛ばすには、どんなハンドファーストのインパクトが必要なのかを取り上げてみよう。

認識してほしいのは、ハンドファーストだからといって手元を先行させて打つことではない。ハンドファーストのインパクトは結果としての「現象」にすぎない。もしインパクト直後で手元だけが先行して肝心のヘッドが遅れると、フェースは開いた状態で入ってくる。前述したように、これではボールを正しくとらえることができない。

ハンドファーストのインパクトを成功させるに当たり、ゴルフ教本では「左サイドの壁」を作れという。いつからこんな「左サイドの壁」という言葉が出てきたのだろうか。恐らく体を突っ込ませないための比喩なのだろうが、初心者にこのような注意を促すと、「左サイドの壁」が恐ろしくなり、最初から右足圧力のままインパクトする悪癖がついてしまう。したがって、単純にクラブヘッドが走るなら左股関節で力を受け止めるくらいでよいのではないか、と私は考える。

もともとクラブヘッドというものは開くのは得意だが、閉じるのは苦手な構造になっている。ハンドファーストのインパクトの型を作るためには、下半身の使い方から言えば、インパクトに向けて左のヒップターンを優先させなければならない。一方、上半身の使い方から言えば、左肩関節を使って左脇を締めながら左前腕を反時計回りに回さなければならない。

この姿勢を取り入れることができるようになれば、手首を意図的に「返す」、あるいは「返さない」という議論は無意味になる。本来は意識しなくても「返される」のが理想である。どうしてもハンドファーストでインパクトできない人は、ハーフウェイダウンから左前腕を回外させて、インパクトの瞬間に左脇をキュッと締め付ける感覚を身に付けると、手元が体の回転に伴いボールよりグリップ一個分ぐらい先になって、ハンドファーストのインパクトができるようになる。

この問題がクリアできるようになったら、次に、頭部というものを頭と顎に分けて考える必要がある。

しかし、日本のゴルフ教本では「頭を動かすな」の一点張りだが、これを忠実に守るとスイングが歪になる恐れがある。なぜなら、体重の1割前後を占める頭を無理に固定すると、上体が止まり、リストを返して引っ掛けるリスクが出るからだ。そうではなく、顎を左右に傾けるが、それに伴う頭上の水平移動に関する許容範囲はバックスイングで頭半個分ぐらい。それよりも顎を左右に傾けるためには、顎を引きすぎないようにする必要がある。厳密に言えば、タイガー・ウッズも言うように頭には頭の動きがあるため、頭を動かさないでインパクトしているゴルファーは皆無なはずだ。問題は上下左右の移動で頭半個分ぐらいの許容範囲内に収まっているかどうかということである。

次に問題となるのは、アマチュアの永遠の課題であるアップワードブロー（upward blow）である。私が教える立場になってわかったことは、このアップワードブローの人を改善するには案外時間を要するものだということだ。改善のためには、ゴルフスクールに通う非力な子供のスイングが参考になる。どうしてかと言うと、子供は手でクラブを振るには大人のように筋肉が付いていないので、下半身のヒップターンを使ってフェースの開閉（フェースローテーション）をリードするしかないからだ。

スクールに通っていたときに、私自身もこんなことを改善するのに相当時間を費やした思い出があるから大口を叩けないが、アイアンの場合、アマチュアの多くがどういうわけか、右足に体重が残ったままの状態で鋭角に打ち込もうとする。すると、反対にインパクト直前でリリースしてリーディングエッジが下から入ることになる。悲しいかな、これでは本来のハンドファーストのインパクトにならないばかりか、ボールが吹き上がって「不都合な真実」のインパクトにならざるを得ない。

したがって、アイアンの場合はフェースを下から煽ったり、上から打ち込んだりしてスイートスポット（芯）に当てるのではなく、何度も言うとおり、まずハンドファーストの状態でリーディングエッジがボールの赤道下に当たらなければならない。「そんなことぐらいわかっているよ」と言うかもしれないが、ダウンブロー（descending blow）でスイングするためには、スイングアークの最下点に到達する前にヘッドがボールに当たらなければならない。ゆえに、スクーピング（scooping）ではボールが吹き上がるだけで、弾道の高さが不安定になり、距離にばらつきが生じる。これでは球筋をコントロールできないばかりか、ただのボール遊びにしかならない。

結局、ハンドファーストのインパクトとは、インパクトでグリップを意図的に飛球線方向に押し出したり、ボール方向に振り下ろしたりする動きではなく、左前腕を回外させる一方、右前腕を回内させながら、手元が体の回転に伴いボールよりグリップ一個分ぐらい先になる現象

を指す。

インパクトの瞬間写真を見ればわかることだが、プロはコック&ヒンジをしながら目が右肩のほうを向き、下半身から上半身の運動連鎖を一体化して左手リードを維持してインパクトを迎える。他方、ビギナーは当たる直前に頭が上がって、ボールから一瞬目を離してしまい、その後ボールを追い続ける。この違いはなぜ生じるのだろうか。プロのように方向性と飛距離を安定させたければ、常にヘッド・ビハインド・ザ・ボール（head behind the ball）を維持しなければならない。

取りも直さず、ビギナーのようなハンドレイト（hands behind the ball or hands back）では、インパクトでボールに強い圧がかからない。そのためには、次のことができたかどうかを確認してほしい。

⑴　トップからの切り返しの瞬間に左右の足への圧力をいったん50対50に戻しながら、胸を右足方向に傾け、ラテラル・ヒップ・ムーブメントをしながら内旋した左膝をスタンスの位置に戻さなければならない。このように重心を下げるための下半身リードの沈み込みで左足の拇指球に圧力を80%移動させる。

⑵　次に、ハーフウェイダウンではインパクトに向けてのカウンター動作として左足から

右足の拇指球に圧力の5％をいったん戻し、右足の拇指球への圧力を25％にする。そのうえで、インパクトに向けて体の重心を上げるため両足で地面を踏み込み、その跳ね返る力（地面反力）を利用する。これらの圧力移動は考えながらすることは不可能なので、簡単に言えば、ハーフウェイダウンからインパクトに向けてほんの少し両足の踵を上げる仕草をするだけで、十分対応できる。

体にちょっと厳しいが、ビギナーはインパクトで両肩と両肘とグリップからなる3角形に近い5角形の面を確認しながら、首の付け根（両肩のセンター、頸椎7番）を回転中心とする。この場合気をつけたいのは、ボールを真っすぐに飛ばそうとしてヘッドを目標方向に出せば、インパクトで右肘が伸び、左脇が開きやすくなる。

実際には、インパクトで両肩と両肘とグリップからなる3角形に近い5角形の面をできるだけ維持できれば、ダウンブローが簡単に習得できる。アプローチやパター以外、なぜ3角形の面よりも5角形の面のほうがよいかと言えば、「左前腕とシャフトを直線にせず、肘は若干曲がり」「肘を曲げたままの右腕」にできる3角形に近い5角形の面のほうが肩関節が十分回転することができ、かつ右肘にゆとりがある分手元が浮いたり、体が起き上がったりせずに、インパクトで力を出せるからだ。したがって、右肘はインパクト後のフォローで伸び切るのが正しい動作であることが確認できる。

しかしながら、手元の軌道とクラブヘッドの軌道の関係を意識しながら「合成重心クラブのヘッドを加速できるかどうか」が飛距離を生むカギだとはわかっていても、手を使って当てに行く意識が頭から抜けない限り、体が突っ込んで最下点がずれたり、フォロースルーにおいて左肘が引けてチキンウィングになったりしてしまう。アマチュアゴルファーにとって、特にドライバーのフォロースルーは意外と難しい動作であることがわかる。

クラブの軌道とスイングのフォームを3次元で分析するリアルタイムスイング解析器の「GEARS」（ギアーズスポーツ社）でも、インパクトでは右脇腹をサイドベンドしながら左肘をたたみ込めば、左肘がやや「く」の字になることが判明しているので、フォローではシャフトを立てて左肩口の方へ振り抜けばよい。したがって、アプローチやパター以外では、私は「3角形の面」ではなく、肘にゆとりのある「3角形に近い5角形の面」という表現を使うこととする。

ここまでは、「ゴルフスイングの基礎」について議論してきたが、結論から先に言うと、ゴルフのフィニッシュにはすべてのスイングのエッセンスが詰まっている。私は、ジュニアの最初の指導をインパクトからではなく、フィニッシュから始めることにしている。なぜなら、クラブヘッドに引っ張られるようなフィニッシュは、スイングのバロメータというくらい大事な動作であるからだ。バランス良いフィニッシュの姿勢を取れるジュニアはそれだけで、すでにゴルフのセンスがあり、将来性のある人間である。フィニッシュで気をつけたいのは、左肘の位置が下がると軸ぶれが生じるので、左右の内腿を密着させ、右肩や右骨盤が左肩や左骨盤より前に出て、右足はつま先立ちにすることだ。左腕は俗に言う「招き猫」――左の二の腕が地面と平行、かつ左前腕が地面に対して垂直――のポーズで終えたいものだ。

体の重心（center of gravity）は姿勢如何によって刻々と変化し、必ずしも重心の位置が体の中にあるとは限らない。体の中に重心を作ると、体の重さをボールに伝えることができない。インパクトで体の外に重心を作ることで、ボールに乗せることができる。しかも、ゴルフでは合成重心のクラブという道具を使うため、この道具の使い方には一工夫が必要だ。アマチュアでも体の外に重心をつくれるようになったらしめたものだ。

抽象的な言い方しかできないが、日本においては古から武道がそれを実証している。体の重心は姿勢如何によって刻々と変化するため、体の外に重心の位置を求めて一撃で相手を制する。「柔よく剛を制す」といって、力（剛）がなくても優れた技（柔）をもって力を制することができる。

実はこの言葉だけが先行しているが、「剛よく柔を断つ」という続きがある。この意味するところは、「力は技を破る」ということである。われわれは前者だけに感動を受け「技」だけでよいと考えがちだが、何事も一流になるには「技」も「力」も兼ね備え、必要に応じてそれを使い分けることができなければならない。結局、「剛柔一体」は日本古来の武道の極意ということができるので、ゴルフにも通じるものがある。

折しも、地面を踏み込む力が話題になる。たとえば、テキサス女子大学でスポーツ・バイオメカニクスを研究するヨン・ホー・クォン（Young-Hoo Kwon）が「地面反力」（ground reaction force）を提唱する。ヨン・ホー・クォンとの共著者でもある吉田洋一郎によれば、「地面に強い力を加えることで跳ね返ってくるエネルギーを使えば、筋力の何倍もの力を生み出すことができる[20]」と言う。

「モーションキャプチャー」（motion capture）によって人間の動きをデジタル化することで、たとえば骨盤が切り返しからインパクトでほぼ反転すること、すなわち骨盤が開いた状態でインパクトすることがわかったり、また前述した「ボディトラック・センサーマット」同様に、ゴルファーの足の裏にかかる圧力の変化やウェイト配分が「フォースプレート」（force plate）なる反力測定器でも、可視化できるようになったりしている。とはいえ、人間の運動神経は認識できるようになるまで時間を要する。今日、世界のトップゴルファーも自分の感覚とこれらの測定器のデータをすり合わせながら、調整に日々励んでいる。

イングランドの劇作家であるウィリアム・シェイクスピアでさえセント・アンドリュース・オールドコースを82で回っていたという噂もあるくらいだ。“All's well that ends well”（終わりよければすべてよし）というシェイクスピアの言葉のように、最後までしっかり振り抜き、フィニッシュを完璧にしたいものだ。

以上、第1章では「ゴルフスイングの基礎」をまとめてみたが、頭で理解しただけでは十分ではなく、体が反応できなければ意味がない。うまくなりたければ、体が自然に反応できるようになるまで待つしかない。人間の対応能力が邪魔しているだけなので、時間が解決してくれる。

以下の諸章では具体的な事例を取り上げ、初心者でもシニアでも簡単に理解できるように、工夫を凝らしながらドライバーをはじめとして、フェアウェイウッド、アイアン、パットなどの打ち方を論じてみたい。[21]

コラム1

ベン・ホーガンのモダン・ゴルフ論

伝説のプロゴルファー、ベン・ホーガン（1912―1997年）の生涯を振り返ってみると、時代に翻弄された栄光と挫折の人生だったといえる。ホーガン家はアイルランドからの移民を先祖に持ち、南部の小作人として働いていた父チェスター・ホーガンがテキサス州のほぼ中央、ダブリン市に移り住んで鍛冶屋を営む。その地で生まれたベン・ホーガンが9歳の時、父の拳銃自殺という思いもよらぬ悲劇に見舞われる。その後の彼は、家計を支えるべく、11歳から地元のグレン・ガーデン・カントリークラブでキャディーとして働き、高校を中退して17歳でプロデビューする。

爾来、ホーガン自身に生涯にわたって多くの影響を与えたのは、同じテキサス生まれで同年代のバイロン・ネルソンである。ネルソンも同じグレン・ガーデンでキャディーをしながら育ったからだ。彼はPGAツアーで52勝、メジャー大会で5勝を果たしたところをみると、ホーガンとは宿命のライバルとなる運命を背負って生まれてきたといえる。両者はテキサス・オープンをはじめ、マスターズ・トーナメント、全米オープン選手権などで死闘の数々を経験する。その後サム・スニードがこれに加わり、奇しくも1912年生まれの三人組は、当時のトーナメントを盛り上げる。

ところで、宿命のライバルとなったネルソンは185センチだったが、ホーガンの身長に関しては諸説あり、いまだはっきりしていない。たとえば、170センチ、174センチ、175センチなど、いずれにせよ、確実に言えることは、プロゴルファーとしては決して恵まれた身長ではなく、むしろ日本人の体形に似ていたといえる。とはいえ、フェアウェイを見つめる鋭い眼光から"The Hawk"、ラウンド中に一言も発しない冷徹なプレイぶりから"The Wee Ice Man"などの異名を持つに至るほど、冷静沈着なプレイスタイルを駆使しPGAツアーで64勝、メジャー大会で9勝を挙げるなどの功績を残す。[22]

1950年代に上梓した彼の代表作『モダン・ゴルフ』[23]は今なお、スイングの基本文献としてゴルファーの多くに読み継がれている名著である。本書の中でホーガンは、①ボールから両肩にかけて一枚のガラス板を仮想して、そのガラス板の内側を基準にクラブの軌道によってできる円盤上の平面をスイングプレーンとしたり、②インパクトで左腕の肘から手首までの前腕を回外（スピネーション）させる一方、右腕の肘から手首までの前腕を回内（プロネーション）させるリストの使い方を図解したり、③ボールの位置に関するホーガン理論を説明したりしている。[24]このようにホーガンの唱えた「スイングプレーン理論」を、クラブやボールが進化した今でも、世界中のゴルファーの多くが実践している。

『モダン・ゴルフ』との関連でベン・ホーガンの処女作についても簡単に触れておこう。彼の処女作『パワー・ゴルフ』[25]は、『モダン・ゴルフ』の9年前、彼の人生で一番脂の乗った年に出版された。振り返ってみれば、ホーガンが最初のメジャー競技で優勝したのは、１９４６年のオレゴン州ポートランドで開催のＰＧＡツアー選手権であり、その２年後の１９４８年に公にされた。処女作『パワー・ゴルフ』は彼のゴルフ人生の出発点であって、ゴルフを極めるために書いたものだが、そのためか、その後の代表作『モダン・ゴルフ』と比べて、多くの誤解を生んだのも事実である。

その誤解の一つにグリップがある。たとえば、彼のグリップは当初、左手の人差し指と右手の小指を絡ませるインターロッキンググリップである。それも左手を被せるように握るフックグリップ（ストロンググリップ）で、親指の位置はロングサムのままであった。その後左手の人差し指と中指の間に右の小指を乗せるオーバーラッピンググリップになり、かつ左手の甲がターゲット方向に向くように握るウィークグリップ、親指の位置はショートサムへと彼自身変遷する。

しかし、ここまで来るには紆余曲折の連続であった。ホーガンは、17歳でプロデビューを果たすが、前述したように、ゴルファーとしては決して恵まれた体格でもなく、同時代のゴルファーの中でも飛び抜けて練習熱心でもなかった。

それにしても苦節9年、彼に好機が訪れたのは、1938年のダブルス戦ながらトーナメントで初勝利を挙げたときである。これを転機に、天賦の才能があったわけではないホーガンは、自分で自分の道を切り開くべく、人知れず努力を重ねるようになった。

その当時、自分のスイングの欠点をあぶりだして、完璧なまでのスイングを身に付けるため、30秒間隔で150個ものボールを打ち、6ホールを回って、その後ドライビンググレンジの片隅で2~3時間費やしたという逸話も残っている。

ところが、戦時下のツアーもついに中止になる。ホーガンは1943年、米国陸軍航空隊に入隊することになり、除隊までに中尉に昇進する。戦後、復帰してから輝かしい快進撃が続き、約3年半で37回の勝利を収める。

とはいえ、人生にとって良いことばかりが続くわけではない。それが起こったのは奇しくも、亡き父チェスター・ホーガンの64回目の誕生日に当たる1949年2月2日の出来事である。霧が立ち込めた早朝、助手席に妻バレリーを乗せたホーガンの車が、ハイウェーで前を走るトラックを追い越そうとした、その瞬間の交通事故であった。その時ホーガンはハンドルを離して妻の上に覆い被さり、妻は奇跡的にも軽傷で済んだという。

北米で最大の路線を持つグレイハンド社の長距離バスとの正面衝突をした際の衝撃で、ステアリングが運転席のシートに突き刺さる。もし妻の上に覆い被さっていなければ、ホーガンは恐らくステアリングとシートの間に挟まれ、命を落としても不思議ではないほどの大事故であった。

二度と歩くことのできないほどの重症を負い、「再起は難しい」と担当医から告げられるが、ホーガン自身は、持ち前の不撓不屈の精神で１９５０年に全米オープンで優勝するという奇跡の復活を果たす。その後も事故で痛めた片足を引きずりながら、翌年にはマスターズと全米オープン、１９５３年にはマスターズ、全米オープン、全英オープンのメジャー３連勝という偉業を成し遂げる。

カムバックを果たしたホーガンに対するファンからの拍手には、交通事故で妻をかばったといった称賛の意味が込められていたようである。それ以後、ロンドンの象徴でもあるウェストミンスター宮殿（現在は国会議事堂）に付属する時計台の大時鐘になぞらえ、"Big Ben" という新たな愛称が生まれる。

ただ残念なのは、半世紀以上たった今でも、ゴルフ界における永遠のバイブルと呼ばれる『モダン・ゴルフ』が当時、どんな人から影響を受け、どんな文献を渉猟したかが明らかになっていない。もっとも、この書は米国のスポーツ誌に連載したものをまとめたもののようだが、その経緯すらあまり知られていない。ゴルフスイングの研究は１９３０年代から写真技術を用いた分析が始まり、１９４０年代に入ると、光跡の撮影方法によってスイングの平面が円であることが明らかになる。それゆえに、近代ゴルフの父と慕われたホーガンがどのようにして『モダン・ゴルフ』なるものを執筆したのか、彼の問題意識と目的については依然として謎のままである。

注

9 ピア・ニールソン（1999）『ゴルフ　54ビジョン』ゴルフダイジェスト社.

10 Ben Hogan (1957) *Five Lessons: The Modern Fundamentals of Golf.* New York: A. S. Barnes. 塩谷紘訳（2006）『モダン・ゴルフ』ハンディ版、ベースボール・マガジン社. その他、水谷準訳（1958）.

11 なお、左右の足の圧力移動については、株式会社エンジョイゴルフ&スポーツジャパンが公表している「BodiTrakセンサーマット」の数値を参考にしている.〈https://boditraksports.jp/swing.html〉2022年4月2日参照.

12 David Leadbetter & Ron Kaspriske (2015) *The A Swing: The Alternative Approach to Great Golf.* New York: St. Martin's Press. レッドベターゴルフアカデミー日本校訳、石田昭啓、黒川晃監修（2016）『デビッド・レッドベター「Aスウィング」』ゴルフダイジェスト社. レッドベターの教え方では、トップでシャフトがクロスした状態になるため、ベン・ホーガンの仮想のガラス板を割らずに済ますレイドオフのほうを、私としては勧めたい.

13 岡本綾子（1992）『ゴルフ　ここを知ったら』青春出版社.

14　日本でゆるゆるグリップ理論を展開したのは高松志門である．高松志門（２０００）『ゆるゆるグリップでゴルフ革命——まっすぐ、よく飛ぶ、ヘッドが走る！』ＰＨＰ研究所．

15　Jim Hardy (2005) *The Plane Truth for Golfers: Breaking Down the One-Plane Swing and the Tow-Plane Swing and Finding the One That's Right for You.* New York: McGraw-Hill Education.

16　Jim Hardy (2005) *The Plane Truth for Golfers: Breaking Down the One-Plane Swing and the Tow-Plane Swing and Finding the One That's Right for You.* New York: McGraw-Hill Education.

17　なお、トラックマンの情報を得るには、次のようなサイトがある．〈https://trackmanuniversity.com/LoginAndSignUp?ReturnUrl=%2F〉２０２２年３月19日、およびTheodore P. Jorgensen (1999) *The Physics of Golf* (2nd ed.). New York: Springer (Original work published 1994). 生駒俊明監訳、藤井孝蔵、生駒孜子訳（１９９６）『ゴルフを科学する』丸善．

18　David Leadbetter (2000) *The Fundamentals of Hogan.* New York: Doubleday. 塩谷紘訳（２００６）『モダン・ゴルフ徹底検証』ハンディ版、ベースボール・マガジン社．

19　Karl R. Popper (1966) *The Open Society and its Enemies* (Vol. 2, 5th ed. revised). London: Routledge & Kegan Paul. 小河原誠、内田詔夫訳（１９８０）『開かれた社会とその敵』（下）未来社．その他、小河原誠のドイツ語訳（２０２３）．

20　Dr. クォン、吉田洋一郎（２０１８）『驚異の反力打法——飛ばしたいならバイオメカ』ゴルフダイジェスト社．

21　本書の構想は、菊地均（２０２０）「現代ゴルフ論ノート」横田榮一、中島茂幸、岩崎一郎ほか『文化科学の素顔——横田榮一教授退職記念』共同文化社、１１５－１４７頁を参照．

22　ベン・ホーガンの生涯とゴルフ哲学については、Curt Sampson (1996) *Hogan.* Nashville, Tenn.: Rutledge. 宮

川毅訳（１９９８）『ベン・ホーガン』ベースボール・マガジン社の中で詳しく述べられている．

23 Ben Hogan (1957) *Five Lessons: The Modern Fundamentals of Golf.* New York: A. S. Barnes. 塩谷紘訳（２００６）『モダン・ゴルフ』ハンディ版、ベースボール・マガジン社．その他、水谷準訳（１９５８）．

24 Ben Hogan (1957) *Five Lessons: The Modern Fundamentals of Golf.* New York: A. S. Barnes. 塩谷紘訳（２００６）『モダン・ゴルフ』ハンディ版、ベースボール・マガジン社．その他、水谷準訳（１９５８）．

25 Ben Hogan (1948) *Power Golf.* New York: A. S. Barnes. 前田俊一訳（２０１２）『ベン・ホーガン　パワー・ゴルフ――完璧なスウィングの秘訣はここにある』筑摩書房．日本ではホーガンの『パワー・ゴルフ』の翻訳は意外と早く１９５２（昭和27）年、北代誠彌によって大日本雄弁会講談社から出版される．

第2章　ドライバーでもっと飛ばすための方法

第1節　ドライバーで飛ばすコツ

ゴルファーにとって、ドライバーで飛ばすのは非常に重要なことである。そのためには、スイングから入るのではなく、インパクトからスイングを学ぶほうが効率的だといえる。その際に問題となるのがインパクトゾーン（delivery zone）である。そもそもインパクトを「点」ではなく、「ゾーン」でとらえよというが、「ゾーン」でとらえるにはどうしたらよいか。この問題から解き始めよう。

まず、ゴルファーにおいてはスイング軌道をどう描くかが問題になる。なかんずく、インパクトゾーンでの軌道はインパクトでヘッドがそのまま円形を描くのではなく、ハイスピードカメラからの映像でもわかるように、ダウンスイングの軌道はバックスイングの軌道より内側になって、インパクト後フォローを取るため、ボールは楕円形の接線で当たる。結局、インパクトでクラブフェースが目標を向いている時間が長くなればなるほど、フェースの芯とボールの芯を衝突させることができるからだ。これによってボールに適正なスピンがかかり、狙った方向に真っすぐ、しかも番手通りの飛距離を出せるようになる。

そこで、ボールを真っすぐに飛ばすにはどうしたらよいかという問題が生じる。これまでのゴルフ教本では、「ボールの打ち出し角」(launch angle) を決める要因は、インパクトエリアでの「スイングパス」(swing path) であり、曲がる要因はインパクト時の「クラブフェース・ディレクション」(clubface direction) だという。だが、スイング解析器の出現でどうやらボールの打ち出し角を決める最大の要因は「スイング・ディレクション」(swing direction) であり、曲がる最大の要因は「スピンアクシス」(spin axis) にあるという。これに関する説明はこの後で詳しく述べるとして、ドライバーで飛ばすための簡単な練習方法から先に紹介しよう。

(1) 確かに、ドライバーはマン振りが前提だが、マン振りばかり練習する人には、グリップを短く持ってスタンス幅を狭くし、ハーフショットで120〜140ヤードの地点に、ライナー性の球を打つ練習ドリルをメニューに加えてほしい。
ドライバーでのマン振りでは一般に、フェースがターンしてドロー系のボールになりやすい。しかし、重心の上下の移動による振り子スイングで、体の回転と腕の入れ替えを同調させながらターゲットラインに対して低く長いインパクトに徹すると、飛距離は落ちるものの、ボールは狙ったところへ比較的真っすぐ飛ばせる。このように左右への曲がりを抑える一種のドライバーのコントロール(ライン出し)ショットは、狭いフェアウェイでの武器になるはずだ。

⑵ヘッドスピードが40ｍ／ｓ以下のアマチュアなら最適な打ち出し角が15～18度ぐらいなので、ドライバーでグリップをぎりぎり長く持つよりも、短く持つことでライ角が最適になり、カウンターバランス効果が現れる。それによってスイングの再現性と安定感を高め、ミート率を向上させることができる。しかし、普段から短く持って練習をしていない人にとってはこれが意外に難しいことがわかる。

してみると、手を器用に使うことを習得した人間は、長いクラブを持つと自然と下半身を使わずに手打ちの悪い癖が出る。それを避けるためには、グリップを短く持って芯を食う確率を高めることで対応できるはずだ。

⑶ここで問題なのが、ドライバーではハンドファーストで打つほうがよいかどうかということである。答えはヘッドスピードによりけりである。前述した通りヘッドスピードが40ｍ／ｓ以下のアマチュアなら最適な打ち出し角が15～18度ぐらいなので、意識的には体の正面でとらえるくらいでフェースがスクエアになる。ヘッドスピードのないアマチュアがハンドファーストを意識すると、ボールが上がらず、振り遅れによるスライスが出るのはこのためである。

ただし、ＰＧＡツアーの男子選手の多くは３００ヤード超えとなる。その時のヘッドスピードが47～58ｍ／ｓに至るので、ドライバーでもハンドファーストでインパクトしているのは事実である。

⑷最後に注意すべき点としては、アドレスで左手首の角度がない状態で握ると、グローブをつけた左手の中の遊びがなくなる。この状態から当てに行くとフリップ動作になりやすく、握っている本人が気づかない限り、誰もアドバイスしてくれないので注意が必要だ。アマチュアは時々、腕とシャフトの間にできるアームシャフト角をチェックしてほしい。

ここまで思いつくままさりげなく書いたが、アマチュアにとってスイング中にトップを気にするよりも、ダウンスイングを気にするほうがはるかに重要である。つまり、ダウンスイングが決まればショットが決まる。実は、このような考え方をするプロは米国に多い。なぜなら、ビギナーのようにトップを高くして、右足の踵の外側に圧力をかけ、右手でグリップを強く握ったまま無理に当てに行くと、どうしてもヘッドから先に下りてしまうからだ。

簡単ではないが、トップからの切り返しの瞬間に左右の足への圧力をいったん50対50に戻す。次に、胸を右足方向に傾け、ラテラル・ヒップ・ムーブメント（lateral hip movement：ヒップの横方向の動き）をしながら内旋した左膝をスタンスの位置に戻さなければならない。このように重心を下げるための下半身リードの沈み込みで左足の拇指球に圧力を80％移動させる。これによって胸が開かず、ヘッドのエネルギーをインパクト直前まで溜めておくことができる。

いずれにしてもドライバーで飛ばすには、胸と骨盤の捻転差を45度から56度にまでに拡大させ、強大な捻じれパワーを使わなければならない。それでは、56度にまで拡大させるにはどうしたらよいか。従来のゴルフ教本では肩の向き90度、腰の向き45度、その捻転差が45度、トップでのシャフトの向きは飛球線に対してスクエアに向けるほうが望ましかった。ところが、リアルタイムスイング解析器の「GEARS」（ギアーズスポーツ社）によれば、胸の向き97度、骨盤の向き41度、その捻転差は56度、その時シャフトの向きはレイドオフに収めるほうがよいという。

確かに、胸は97度も回すにもかかわらず、骨盤の向きは41度のため、右股関節に負担をかけることが少なく、下半身リードがスムーズになって、方向性や効率性を高めることがバイオメカニクス（生体力学）によっても明らかにされる。だが、われわれの期待とは裏腹にトップをシャフトクロス――シャフトがターゲットラインに対して右を向くこと――にして飛ばそうとすれば、オーバースイングした分アークが大きくなり、ダウンスイングの再現性と安定感をそれだけ損なう危険性が高くなる。以後、トップは単なる切り返しのために必要なところとなり、ハーフウェイスルー（インパクト後に手元が腰の高さに来る位置）はできるだけ低く抑えるようになる。

若干の個人差はあるが、安定したスイングをするためには自分の目から見てインサイドではなく、アウトサイドにテークバックして肩口でターゲットラインに対して平行にしながら、次にインサイドから逆の軌道を通るくらいが丁度よい。これを実践するためには、サイドベンド（側屈）を取り入れながら一種のループを描く軌道を描いてみればよい。

悪いことに、ビギナーのほとんどが両手で手首を時計回りにローリングさせて、ひょいと振り上げるため、自分ではそのつもりはないようだが、これだとインサイドにどこまでも上がる。このような状態から次にボールをめがけて当てに行くと、どうしても右肩が前に出てヘッドがアウトサイドからのカット軌道、すなわちオーバー・ザ・トップ（over the top）になってしまう。

このオーバー・ザ・トップを避けるには、ダウンスイングで右肘は常に左肘より下に来なければならない。しかしながら、ダウンスイングで重力に逆らって右手首をこねるとシャフトが立ってスティープ（steep）状態になり、スイングプレーンはカット軌道のアウトサイド・インにならざるを得ない。

したがって、ダウンスイングで左足の踵の延長線上にあるティーアップした「ボールをめがけて当てに行く」のではなく、「ヘッドを振り抜く過程でボールに当たる」という認識に変えなければならない。それを実践するためには、ハーフウェイバックからトップに向けて右足の踵内側に80％の圧力をかけ、トップからの切り返しの瞬間に下半身リードの沈み込みで左足の拇指球に80％の圧力をかける。これによって上半身が浮くようなパワーロスがなくなる。

その後のハーフウェイダウンでカウンター動作として左足から右足に圧力の5％をいったん

戻し、右足の拇指球への圧力を25％にして、両足の踵を上げながらインパクトにかけて再度、左足に80％の圧力をかけ直す必要がある。

そのためには、ダウンスイングではヘッド側から下ろすのではなく、手元側から落とすことが大事だ。もともとトップでは右手が上、左手が下の位置関係になっているため、それがトップから切り返しのタイミングでも腕とシャフトの間にできるアームシャフト角は90度近くになっている。その切り返しからクラブを寝かせすぎずに自然落下させながら、手元を体に引き寄せるのではなく、いったん遠ざけることでカウンター動作としての「タメ」ができる。

確かに、プロの写真や映像を見る限り、何かタメがあるように見える。しかし、プロはあの形を作ろうとしているわけではなく、あれはスイングという動作の中における一コマにすぎない。とりわけタメを作ろうとして、意識的にコック＆ヒンジを維持し、右肘をV字に絞ろうとしながらダウンスイングすれば、ほとんどのアマチュアは右肩が下がりすぎてしまう。しかも右肩がこれだけ下がった状態では、後は「ダフる」しかない。ゆえに、タメは「タメすぎずに適当にタマっている状態がよい」と揶揄される所以がここにある。

ドライバーの長尺化と軽量化した昨今では、前述したように飛ばすためには以前ほど「V字型のタメ」にこだわらず、「L字型のタメ」でも十分適用できるようになったが、それよりも長尺化や軽量化したドライバーで、振り遅れによるプッシュスライスに気をつけなければならない時代に入ったともいえる。

ところで、ギアーズスポーツ社がリアルタイムスイング解析器の「GEARS」を使って米国男女トップ選手40人のスイングの動きをデータ化しているので、問題提起の意味も含めてその一部を紹介する。

たとえば、これまでの日本のゴルフ教本では「腰の高さを変えるな」、あるいは「腰は水平に回せ」が通説だったが、「GEARS」によるとトップでは右骨盤が左骨盤よりも高くなり、逆にインパクトでは左骨盤が右骨盤よりも高くなるという。

要するに、ヘッドがトップにあるときは右腰が12度上がり、それがダウンスイングの過程で左右の骨盤が水平の0度になる。それからヘッドがアッパーに上がっていく過程でインパクトを迎えるため、左骨盤が12度上がる。

以上、ドライバーの飛距離を伸ばすための簡単な練習方法を述べてみたが、次に新旧の飛球法則を確認しておこう。

第2節　新旧飛球法則の違い

一度整理する意味で、従来の9ボール飛球法則（以下、旧飛球法則と呼ぶ）、すなわち『PGAティーチング・マニュアル』（1990年）の著者であるゲーリー・ワイレン（Gary Wiren）が唱えた9ボール飛球法則から検討しよう。[26] この旧飛球法則の特徴は、インパクトエリアでの「スイングパス」(swing path：クラブヘッドがボールと接触しているとき、すなわちインパクト時のクラブヘッドの移動方向。インサイド・アウト、インサイド・スクエア・インサイド、アウトサイド・イン）とインパクト時の「クラブフェース・ディレクション」(clubface direction：クラブフェースの方向。オープン、スクエア、クローズド）との組み合わせによってボールの飛び方が変わると説くところにある。

それゆえに、「スイングパス」に関わるアウトサイド・イン、インサイド・スクエア・インサイド、インサイド・アウトの三つの要因と、「クラブフェース・ディレクション」に関わるオープン、スクエア、クローズドの三つの要因とを掛け合わせた９種類の球筋で、飛球法則を説明する。それを簡単に示すと次のようになる。

(1)　アウトサイド・インのスイングパスには、①プルフック、②プルストレート、③プルスライスの３種類。

(2)　インサイド・スクエア・インサイドのスイングパスには、①フック、②ストレート、③スライスの３種類。

(3)　インサイド・アウトのスイングパスには、①プッシュフック、②プッシュストレート、③プッシュスライスの３種類の計９種類。

旧飛球法則では、このようにボールの打ち出し角を決める要因は、インパクトエリアでの「スイングパス」であり、曲がる要因はインパクト時の「クラブフェース・ディレクション」にあると述べる。しかし、新飛球法則では、ボールの打ち出し角を決める要因は「スイング・ディレクション」であって、曲がる要因は「スピンアクシス」にあると説明する。

このように両者の法則が異なるため、われわれにとっては驚きであった。なぜなら、新飛球法則は旧飛球法則を覆すものだったからである。

実は、ボールの飛球法則に関しては前述のゲーリー・ワイレンの以前にも、たとえば1969年、ホーマー・ケリー（Homer Kelley）が唱えたものがある。[27] 新飛球法則が一般化したのは1994年、ネブラスカ大学の物理学者のセオドア・P・ジョーゲンセン（Theodore P. Jorgensen）が唱えたクラブヘッドとボールの衝突理論、いわゆるDプレーン理論に負うところが大きい。[28] Dプレーンとは、ボールのインパクトの点からフェースの向きに直交して引いた直線と、ボールのインパクトの点からクラブパス上の接線方向に伸ばした直線の二つを結んでできた二次元平面を意味する。このDプレーンに直交する軸がボールのバックスピンの回転軸となる。「トラックマン」（トラックマン社）がDプレーンを弾道測定計算に利用しているので、そのデータを使いながらもう少し詳しく説明しよう。

(1) そもそもボールはなぜ曲がるのか。このボールの曲がるメカニズムに関しては、Dプレーン理論を用いたゴルフ用弾道計測器の「トラックマン」のデータをもとに議論すれば、次のようになる。まず、このゴルフ用弾道計測器の「トラックマン」に従ってボールを真っすぐに飛ばしたければ、次の「フェースアングル」「クラブパス」「スピンアクシス」の三つの要素が重要な役割を担うという。[29]

①「フェースアングル」(face angle)――クラブがボールに当たる瞬間の「フェース」が向く角度、すなわち、フェースがターゲットラインに対して左右に向く角度で測定する。たとえば、プラスマイナスゼロの値だとフェースがスクエア（直角）といって望ましく、プラスの値だとフェースがオープン（右方向）、マイナスの値だとフェースがクローズド（左方向）を向く。参考までに、プラス４度なら２００ヤード先で14ヤード右に曲がり、マイナス３度なら２００ヤード先で10・５ヤード左に曲がる。

②「クラブパス」(club path)――インパクト前後におけるクラブヘッドの軌道のこと。プラスのときはターゲットラインに対しクラブヘッドがインサイド・アウト（右側）の軌道、マイナスのときはクラブヘッドがアウトサイド・イン（左側）の軌道。参考までに、ストレートボールはクラブパスが０度、左に打ち出して右に戻るフェードボールはマイナス３〜５度、右に打ち出して左に戻るドローボールはプラス３〜５度。

要するに、もしこのようなドローボールを打ちたければ、「フェースアングル」はターゲットラインに対してややオープン、「クラブパス」はインサイド・アウト（右側）の軌道、しかも説明が若干複雑になるが、たとえば、「クラブパス」がインサイド・アウトで右側に5度、「フェースアングル」が2度オープンのように、「フェースアングル」が「クラブパス」よりも閉じていなければならないという条件が付く。

③「スピンアクシス」(spin axis) ── ボールがバックスピンで回転するときの「軸の傾き」。たとえば、プラス2・9度ならば、右に2・9度傾き、スライス軌道。したがって、ボールは回転軸の傾きによって曲がるので、サイドスピンは単にボールのスピンアクシスが左右に傾くことで起こる現象にすぎない。

この「フェースアングル」「クラブパス」「スピンアクシス」の三つにおける要素のうち、どれに注目すべきか強いて言えば、「フェースアングル」の数値である。「フェースアングル」の数値が安定してプラスマイナスゼロに近くなれば、ターゲットラインに対してフェースの向きがスクエアになっている証しである。そのうえで、ターゲットラインに対して「フェースアングル」と「クラブパス」が一致し、ボールの「スピンアクシス」が0度、すなわち左右に傾かなければ、ストレートボールになる。

(2)次に、曲がりを左右するスピンアクシスの傾きに影響を及ぼすのが、フェース・トゥ・パス(face to path)の値である。ドップラー・レーダー式弾道追尾システムを使用してゴルフボールの飛行追跡を行う「トラックマン」では、インパクト時の「フェースアングル」(face angle)と「クラブパス」(club path)の関係については、次の式で表すことができる。

Face to Path ＝ Face Angle － Club Path

たとえば、インパクトで「フェースアングル」がプラスマイナスゼロのスクエア、「クラブパス」が４度インサイド・アウトなら、フェース・トゥ・パスはマイナス４となる。つまり、マイナス４ということはフック回転になる。

また、「フェースアングル」が２・７度のオープンを向き、「クラブパス」が２・７度のインサイド・アウトなら、フェース・トゥ・パスはプラスマイナスゼロとなる。つまり、ターゲットラインに対してフェースの向きがスクエアとなり、ボールを真っすぐに飛ばすことができる。

ただし、フェース・トゥ・パスの数値が同じでも、スピンロフトの小さいドライバーでは「スピンアクシス」の数値は大きくなる反面、スピンロフトの大きいウェッジでは「スピンアクシス」の数値は小さくなる傾向がある。

(3)フェースとインパクトの関係については、次の「スイング・ディレクション」「フェースアングル」「アタックアングル」の三つの要素で説明できる。

①「スイング・ディレクション」（swing direction）――スイングの描く弧が作る面とターゲットラインの間の角度。ただし、「トラックマン」では、膝から膝までの振り幅で計測するため、ターゲットラインに対してオンプレーンだとプラスマイナスゼロ、プラスだと右向きになり、マイナスだと左向きになる。そのため、ドライバーの場合はプラス２〜３度、アイアンの場合

はマイナス2〜3度が望ましい角度になる。

②「フェースアングル」(face angle) ── クラブがボールに当たる瞬間の「フェース」が向く角度、すなわち、フェースがターゲットラインに対して左右に向く角度で測定する。たとえば、プラスマイナスゼロの値だとフェースがスクエアといって望ましく、プラスの値だとフェースがオープン(右方向)、マイナスの値だとクローズド(左方向)を向く。

③「アタックアングル」(attack angle) ── クラブヘッドの入射角。プラスマイナスゼロだとレベルブローの入射角、アマチュアにとってプラス4〜5度だと望ましいアッパーブローの入射角、マイナス3〜4度だと望ましいダウンブローの入射角ということになる。

このように「トラックマン」が導き出したデータを見る限り、ターゲットラインに対してクラブヘッドのスイングする方向は「スイング・ディレクション」に大きく影響を与える。ちなみに、ドライバーの場合には約80〜85％、アイアンの場合には約70〜75％ぐらいの影響を与える。

次に、ボールの飛び出す方向は「クラブパス」よりも、「フェースアングル」に大きく影響を与え、クラブヘッドの入射度、すなわちレベルブローかアッパーブローかダウンブローかによって「アタックアングル」が異なる。「アタックアングル」が理想的なら適正なスピンがかかり、イメージ通り飛距離を出すことができる。

(4)クラブパスシフト (club path shift) という現象がある。これは「アタックアングル」がプラスマイナスゼロでないときに、「スイング・ディレクション」とインパクト時の「クラブパス」がずれる現象である。

どのくらいずれるのかというと、次の式となる。[30]

$$\text{Club Path Shift} = -\frac{(\text{Attack Angle})}{\tan(\text{Swing Plane})}$$

アイアンでダウンブローに打つ場合は、スイング・ディレクションが真っすぐだとしても、インパクト時のクラブパス（インパクト前後におけるクラブヘッドの軌道）がインサイド・アウトになるため、目標方向に対してストレートボールは打てない。目標方向に対して真っすぐ飛ばすには、アタックアングル（クラブの入射角）がマイナス5度、スイングプレーンが60度だと、スイング・ディレクションを約3度左方向に向けないとダメということになる。

一方、ドライバーでアッパーブローに打つ場合は、反対にスイング・ディレクションを右に向けないとインパクト時のクラブパスが目標方向に対して真っすぐにならない。目標方向に対して真っすぐ飛ばすには、アッタクアングルを2度アッパーブローにし、スイングプレーンを50度にすると、クラブパスのずれは約2度左になる。それゆえに、ドライバーでのスイングプレーンの角度は、50度ぐらいが丁度よいということになる。

(5)最後に、「トラックマン」では「ボールのスピン量」について、次のように説明する。まず、ボールにどのくらいのスピンがかかるかについては、アタックアングル（クラブヘッドの入射角）とダイナミックロフト（最大圧縮時のボールとクラブフェースの接触中心点が作る垂直角、すなわちインパクト時のロフト角）によって作られる角度の絶対値を合計したもの、すなわちスピンロフトというものが重要な要因の一つになる。

なぜなら、ボールのスピン量は、このスピンロフトとクラブスピード（ヘッドスピードのこと）によって決定するからだ。たとえば、クラブスピードが48・8m／sの時における理想のスピンロフトは10〜14度、同じく38・0m／sの時における理想のスピンロフトは14〜18度である。当然、クラブスピードによって理想とするスピンロフトそのものの幅も変わることになる。問題は「トラックマン」に自分を合わせるのではなく、自分の理想型を仮定し「トラックマン」との比較考量が必要であるということだ。

従来の旧飛球法則では、ボールはバックスピンにサイドスピンが関係してボールが曲がると考えたが、新飛球法則のDプレーン理論では、ボールの回転にはサイドスピンという概念はなく、あるのはバックスピンだけである。したがって、サイドスピンは単にボールのスピンアクシスが左右に傾くことで起こる現象にすぎないので、バックスピンの一種としてとらえる。

これまでトッププロの間では、必ずしもストレートボールにこだわらず、フェードやドローを持ち球としていた。ところが、「トラックマン」の出現を境に、練習の仕方も様変わりしたといえる。

当然、スコアメイクにも直結するだけに、プロはこれまでの経験則から目標を管理するだけでは済まなくなり、ドローもフェードも打ち分けることはもとより、ターゲットラインに対して真っすぐにフェースを向ける能力がボールを打つ上でこれまで以上に重要にならざるを得なくなり、経験則とデータをすり合わせることによってスイングを調整するようになる。

現代は「エビデンス・ベースド・ゴルフ」(Evidence-Based Golf)の時代である。「トラックマン」についての興味は尽きないが、「トラックマン」で自分の弱点がわかったところで、その弱点をどう克服できるかどうかは別次元である。そうは言っても、何事も克服できない弱点があったから、人間は進歩したのも事実である。

第3節　体の構造とその体を捻じり回す順番

ゴルフを子供のころから始めた人と、私のように年を取ってから始めた人とでは習得するプロセスが異なる。レイトビギナーはどうしても、動く前に動作を脳で理解する必要があるからだ。

人間の運動神経は5歳から9歳の間で飛躍的に発達し、その後持久力や筋肉の発達が始まる。もしジュニアにゴルフを習わせるならば、幼児期にいろいろな運動を楽しみながら体験させ、そのうえで小学校3、4年生ぐらいから始めるのがよい。ジュニアのときに上半身と下半身の「捻転差」を利用しながら、重心の上下の移動による「振り子」の動きを身に付けることで、その後何歳になっても素晴らしいスイングができるはずだ。

将来、子供がグローバルエリートに育つには社交術やマナーを身に付けることが不可欠である。とりわけ、交流の輪が広がれば、社交術としてゴルフや音楽、語学、AI（人工知能）などの素養を人前で発揮しなければならない場面が必ず来る。子供の時、ゴルフや音楽、語学、AIの素養を身に付け、社会性を磨くための投資としては、親にとってそれほど高いとは思えない。私自身も海外の大学で教鞭をとって、多くの朋友に恵まれ楽しく過ごせた理由の一つは、曲がりなりにもゴルフができたおかげだと思っている。

前置きはこれくらいにして、本節に戻りインパクトの瞬間を描写してみよう。インパクトではグリップの位置がアドレスのときよりもやや高くならざるを得ない。なぜなら、ダウンスイングからインパクトにかけて、縦方向のトルクがかかってヘッドのトゥダウン現象が起こるからだ。たとえば、ボール初速、ヘッドスピード、ボールの重量、反発係数などによって異なるが、物理的にはインパクトの瞬間に500〜900キログラムもの衝撃がボールに加わる。

考えてみれば、人間には600を超える筋肉、265個の関節、206本もの骨がある。なぜ、こんなことをいちいち指摘するのかと言えば、ゴルフとの関連で人の脊椎（背骨）の機能に行きつくからだ。脊椎は棒状の形態ではなく、頸椎（7椎）、胸椎（12椎）、腰椎（5椎）、仙椎（5椎）、尾椎（4椎）、合計33個の椎骨の集合体である。とりわけ胸椎の12番（Ｔｈ12）を境に体の下半身と上半身を区別し、体の前傾とはこの胸椎の12番（Ｔｈ12）が前に傾くことで成立する。それに伴う上半身の回転とは頸椎7番から胸椎12番が連鎖的に捻じれるが、腰椎、仙椎、尾椎と下に行くに従ってだんだんと捻じれづらくなる。このように人間の脊椎の構造と機能を理解した上で、上半身の捻じれは下半身の約2倍にもなるが、パワーの源は下半身にある。

われわれは両足の大腿二頭筋（太腿の裏側の筋肉）と外側広筋（大腿四頭筋の一つ）、そして右の腹斜筋（脇腹の筋肉）と腹横筋（お腹のコルセット筋肉）を鍛えておかないと、股関節で力を受け止める感覚を養えず、フォローで安定せずにふらついてしまうことがある。股関節を意識しなくても股関節を前後に動かせば、自動的に上半身が捻じれる構造になっている。人間はフを学ぶに当たって、このようにスイングと関連する筋肉や関節、骨の仕組みをあまり考えず、ゴルクラブの振り方だけをマスターしても、効果はさほど期待できないのはここに原因がある。

国際バイオメカニクス学会が１９７３年に設立、とりわけ１９８０年代に入って、欧米の大学では生体力学を取り入れたバイオメカニクス（biomechanics）という学問が盛んになるにつれ、ゴルフにおけるスイングの研究も大きく前進する。米国の大学ゴルフ部やゴルフアカデミーでは、体を捻じり回す順番についてはキネマティック・シークエンス（kinematic sequence）理論を応用して研究が進んでいる。たとえば、この問題を解決するために、ダウンスイングからインパクトにかけて自分の身体の「骨盤」(pelvis or hips)→「胸（郭）」(ribcage)→「腕」(arms)→「クラブ」(club) という下半身からの運動連鎖で、この動く順序が崩れるとエネルギーロスが生じ、効率的なインパクトを導き出すことができなくなるというわけだ。

しかしながら、ティーチング・プロの堀尾研仁によれば、最新のキネマティック・シークエンスを応用したリアルタイムスイング解析器の「GEARS」（ギアーズスポーツ社）のデータを見る限り、特にゴルフのダウンスイングからインパクトにかけて体の加速化の順序に光を当ててみると、「胸」と「腕」が入れ替わり、「骨盤」→「腕」→「胸」→「クラブ」の順で速度が増す現象が起きているという。[31]

これは、ある意味ではまったく新しい問題提起である。これまで日本では、体の回転を重視した考えはあったが、体の回転速度とその順番を重視した考えはなかった。このことについてもう少し詳細に述べれば、①下半身リードに伴い「骨盤」が加速しながら横方向へ動き、その後減速する。②「腕」がスリークォーターダウンからハーフウェイダウンにかけて加速し、その後左肘から手元にかけて減速する。③トップで右を向いた「胸」をここで初めて回すことでインパクトに向けて加速し、その後減速する。④最後に「クラブ」がさらに加速しインパクトを迎えることになる。

フィニッシュが取れない人はこの後の第5節「綺麗なフィニッシュはよいスイングの証しなのか」でも再び取り上げて解決策を提示するつもりだが、ここでは堀尾が指摘した新たな事実だけを伝えておくことに留める。

ところで、人間の体は頭部、上肢、体幹、下肢の四つに分けることができる。体幹とは胸部、背部、腹部、腰部からなる胴体のことである。もし強固な体幹を維持したいならば、腹横筋、腸腰筋、大殿筋、多裂筋を鍛えておかなければならない。

試打用に使うゴルフロボットならいざ知らず、人間はゴルフロボットではない。プロでもドライバーのフェアウェイヒット率（fairways hit percentage）が70％以上あれば、トップクラスだという。たとえば、プロも言うように、スイングするときはどうしても「力の感覚」が不可欠だが、ビギナーのように手を使って当てに行く感覚では、いつまで経ってもヘッドを走らすことができない。いまさら体幹を鍛えることができないなどとわがままを言う人には、最低でもお腹に力を入れて息を吸いながらバックスイング、トップからインパクトにかけて息を吐きながら思いっきりお腹を飛球線方向に向ければ、脊柱の安定性が高まり、腰にも優しい利点がある。

理屈っぽい言い回しになったが、最新のドライバーに関しては飛ばすためにバックスピン量があまり増えないように工夫を施している。そのためか、ヘッドの「重心深度」（Length：

ヘッドの重心からフェース面上の芯までの距離）と「重心距離」（Depth：シャフト軸線からフェース面上の芯までの距離）の関係をあらためて重視するようになる一方、ヘッドが大型化するに伴って芯を外しても方向性がぶれずに飛ぶが、球がつかまりにくく、振り遅れしやすくなったのも事実である。なぜなら、クラブにはそれぞれ「重心角」（シャフト軸線上を通る垂線とフェース面が作るラインによってできる角度）と「重心距離」の関係があり、これがボールのつかまりを大きく左右するからだ。

たとえば、重心角の大小と重心距離の長短の関係を示せば、重心角が大きければ大きいほどボールのつかまりがよく、小さければ小さいほどボールのつかまりが悪くなる。一方、重心距離に関しては、ヘッド左右慣性モーメントが働くため、長ければ長いほどボールのつかまりが悪く、短ければ短いほどボールのつかまりがよくなる。ただし、つかまりがよいことが必ずしも飛距離アップにつながるとは限らないので、参考までに関連のデータを若干示しておこう。

(1) ミート率を捨象して考えれば、重心角が大きく（21度以上）、重心距離が短いもの（36ミリ以下）はきわめてボールのつかまりがよくなるので、スライサー向け。反対に重心角が小さく、重心距離が長いものはボールのつかまりが悪くなるので、フッカー向け。

(2) 重心角が大きく、重心距離が長いものは、ヘッドも大きくなるので、初級者向け。反対に重心角が小さく、重心距離が短いものはヘッドも小さくなるので、上級者向け。

(3)　フェースの高さからスイートスポットまでの高さを引いた距離を「有効打点距離」(第2重心高) というように、この距離を広げれば、縦のギア効果で打ち出し角度が高くなりスピン量を減らせる。

慣性モーメントに関しては「ヘッド左右慣性モーメント」をはじめ、「ヘッド上下慣性モーメント」「シャフト軸周り慣性モーメント」がある。これらのモーメントにはそれぞれメリット、デメリットがあり、相対的に比較しなければならないが、かなり専門的になるので、次のような指摘に留めておく。

たとえば、ヘッド左右慣性モーメントとは、フェースのスイートスポットを外したときに、どれだけ許容範囲が広いかを示す数値である。要するに、クラブメーカーの謳い文句ではないが、「芯を多少外しても飛んで曲がらない」ということだ。しかし、それには前述のフェース・トゥ・パスのところでも述べたように「ターゲットラインに対してフェースの向きがスクエアでなければならない」という条件がつくことを忘れてはならない。

このような状況の中で最新のドライバーは、つかまりを補うためにライ角を60度以上にしたアップライトのモデルが多いので、フェースはインパクトで左を向きやすくなっている。もし上級者がこのようなヘッド左右慣性モーメントの大きい大型ヘッドを使用するなら、アドレスでリーディングエッジをターゲットラインに対してスクエアに合わせるのではなく、右を向くくらいが丁度よい。たとえば、ティーイングエリアの水平なところにクラブをポンと置いた状態でリーディングエッジが右を向くので、それで左前腕とシャフトが一直線になるくらいの構えで、そのクラブの持つ特性を引き出すことができる。当然、これまでのようにボールの位置を左足踵内側の延長線上に来るようにセットする必要はない。

また今日、ドライバーにおけるフックグリップについては右肩が下がりすぎて、肩のラインが右方向を向きやすいので、スライスが出ているうちはよいが、うまくなるに従い見直しが必要だ。どのゴルフ教本にも書いていないことだが、若い人なら上達の途上で、シニアの人なら筋力や柔軟性の衰えを考慮して、振り遅れをしないような左手親指の位置を自ら工夫しなければならない。

これだけは他人に聞いても埒が明かない。もともとゴルフではグリップしたとき、左手より右手のほうが下になる分だけ、右肩が突っ込みやすい姿勢になる。スピンアウト（上半身と下半身の捻転差パワーがないまま、腰が過剰に引けて回転すること）を防止するためには右肘にゆとりを持たせ、そうすることで、右肘がたたみやすくなって、クラブを正しいバックスイングの軌道に乗せることができる。

ドライバーのセットアップでは、クローズドスタンスで体の正面から見てアルファベットの

「K」の字を反転させた逆「K」の字で構えるのが基本である。英語では"Revers K Setup"と表現する。グリップでは右手が左手より下に来るので、2～3センチのヒップのスライドや、5～7度の軸の傾きを自分なりに微調整する必要がある。そのうえで、下半身は左膝を外側にほんの少し向けると同時に、右膝も内側にほんの少し倒して構えると、左膝が固定して右太腿の内旋が深くなり、スウェイの防止にもつながる。また、上半身、特に右肩はなるべく後ろに引いて、膝を曲げすぎずに重心を高くすると、ドアスイングの防止にもつながる。

それはそうと、飛距離アップをはかるためにヘッドスピードを最大にしたければ、左肩と手首を支点とした2重振り子の原理を応用し、ヘッドが左手を追い越さなければならない。そのために、手元の位置を低くするよりも高くし、上腕骨と肩甲骨と鎖骨からなる肩関節を柔らかくして、インパクト直前にコック&ヒンジのエネルギーをリリースできるようにしておくことが必要だ。このように肩関節を柔らかくして可動域を広げるには、「両足の裏」→「足首」→「膝」→「股関節」という順で、体の下のほうから脱力させていかなければならない。

リリースとは、「インパクトに向かってコック&ヒンジのエネルギーを放出させる動作」である。その時に必要な腕の動きは、左前腕を外側に回しながら回外させる一方、右前腕を内側に回しながら回内させることで、フォローをできるだけ低く長く抑えることが可能になる。その時、フォローでフェースのトゥ側が真上を向くようになれば完璧だ。

逆説的に言えば、うまくなりたければ練習場でむやみやたらに打ちすぎないこと。かつてダルビッシュ有がつぶやいたように「練習は嘘をつかないって言葉があるけど、頭を使って練習しないと普通に嘘をつくよ」という言葉を噛み締めてほしい。ボールをたくさん打つからうまくなるのではなく、正しいスイングでたくさん打つからうまくなるのである。ボールを打ちながらスイング作りをできるのは、ゴルフの基本を身に付けたプロという人だけである。アマチュアは素振りで正しいスイングの基礎を身に付けない限り、一時期ベストスコアが出るが、残念ながらそれ以上の上達は期待できない。

悲しいかな、私の「ゴルフ講座」に通う中高年者が「こんなに練習したのに」と不満を言いながら、限界を感じてゴルフをやめる原因の多くもここにある。上手い下手は別にして「ゴルフは健康寿命を延ばす」と言うように、シニア世代こそ諦めずに正しいスイングを身に付け、いくつになっても続けてほしい、と私は願っている。

米国のゴルフアカデミーでは１００を切るまで、ドライバーを封印するところが多い。というのは、スイングが固まっていない初心者の場合、打てば打つほど遠くへ飛ばそうと力み、却って「下手を固めること」になりかねないからだ。ドライバーは本来、スイング作りの集大成で行わなければならない。スコアが１００の人なら、ドライバーを使う割合は15％以下にすぎない。

ゴルフはアドレス（ボールに対する構え）でスイングの8割が決まるという。なぜそう言えるのだろうか。その答えはアドレスの前傾角度の維持、すなわちアドレスでの前傾角度をキープできないと、スイングプレーンが歪んでしまうからだ。したがって、アドレスではポスチャー（構えのときの姿勢）、スタンス（ボールをスイングするときの両足の位置。つま先のラインではなく、踵のラインを基準に決める）、アライメント（体の向き）を決めて、お腹を引っ込ませ拇指球から土踏まずにかけて均等に圧力をかけることが要諦である。そのうえで、どちらかというとボールを凝視せず、ショットの明確なイメージを抱きながらスイングに入る。

一般に背中の前傾角度はドライバーが一番浅く、サンドウェッジが一番深くなる。しかし、初心者のアドレスは、不安からボールとの距離を近づけようとして、前傾角度を深くするため膝を曲げすぎるきらいがある。このように前傾を深くするため膝を曲げ、重心を低くすれば、体のぶれが大きくなるだけでよいことは一つもない。

このアドレスからバックスイングで無理に肩関節だけを回そうとすれば、インサイドにどこまでも上がるため、ダウンスイングで懐を深く使えず、スイングの再現性と安定感がおぼつかない。そうかといって、胸だけを必要以上に張ってしまっては、右肘がフライングエルボーになってしまう。

ところで、日本のゴルフ教本では、「骨盤を前傾させてお尻を空に向ける」とか、「背中から後頭部まで一直線になるように」とか説く。間違いではないが、次のような弊害が生じる。

(1)　骨盤を前傾させてお尻を空に向けすぎると、背骨が反ってS字型の悪い姿勢になり、テークバックでお腹が突き出てトップで上体が起き上がる原因になる。

(2)　かといって猫背で構えると、前傾姿勢が深くC字型の悪い姿勢になり、体の回転が浅くなって、これもまたトップで上体が起き上がる原因になる。

(3)　だが、それらを嫌って背骨から後頭部まで一直線になるように胸を張りすぎると、両肩が前に出過ぎて胸が窮屈になり、トップで右脇が開くなどの弊害が伴う。

剣術を経験した人なら理解できると思う。日本では古来、「刀」は武士の魂というほど大切なものだが、武士は胸を張らない。日本刀を構えるポーズは猫背ほどではなく、胸をすっと落として虚勢を張らない自然体である。抜刀では重心を落として、刀は手で抜くというよりも腰を移動させて抜く。日本刀には反りがあるので、手だけで振り回さず、切っ先から弧を描くように振って重量と慣性力を活かさない限り、人は斬れない。そうは言うものの、剣術は人を斬るのが目的ではなく、真剣勝負で敵を制するための術である。

このように背中から後頭部まで一直線になるようなN字型の自然なアドレスについては、抽象的な表現しかできないが、米国女子ツアーで活躍している畑岡奈紗のように、その場で軽くジャンプするのも一つの方法である。

「回転軸のないスイングはスイングに非ず」というように、うまくなりたければ、腹横筋、腸腰筋、大殿筋、多裂筋を強化して、股関節軸を定めるようにしたい。その際には、最低でもお腹に力を入れて息を吸いながらバックスイング、トップからインパクトにかけて息を吐きながら思いっきりお腹を飛球線方向に向ければ、脊柱の安定性が高まり腰にも優しいスイングとなる。アマチュアの多くが残念ながら、アドレス時に自分の股関節軸を定め、リズミカルにテンポを取るという感覚を欠如している。

第4節　手打ちは本当にダメなのか

ゴルフ教本には「手打ちはダメだ」と書いている。ちょっと皮肉っぽい問いだが、「手打ちがダメだ」と言うならば、何で打ったらよいのだろうか。

ゴルフにおける「手打ち」には定義があるわけではない。とりあえず「手打ち」とは、コック、ヒンジ&リリースの梃子の原理を使わず、手をこねてボールをめがけて当てに行く動作である。畢竟、典型的な手打ちとはアウトサイドだけかと思いきや、インサイドからも生じる。

それではどのようにしてヘッドを走らせればボールを飛ばせるのだろうか。

(1)トップでできた手首の角度をキープしたまま、切り返しのタイミングで手元を体に引き寄せるのではなく、いったん遠ざけながらバックスイングで内旋した左膝をスタンスの位置に戻さなければならない。このように重心を下げるための下半身リードの沈み込みで左足の拇指球に圧力を80％移動させる。

⑵ハーフウェイダウンではカウンター動作として左足から右足の拇指球に圧力の5％をいったん戻し、右足の拇指球への圧力を25％にする。そのうえで、インパクトに向けて体の重心を上げるため両足で地面を踏み込み、その跳ね返る力（地面反力）を利用する。これらの圧力移動（pressure shift）は考えながらすることは不可能なので、簡単に言えば、ハーフウェイダウンからインパクトに向けてほんの少し両足の踵を上げる仕草をするだけで、十分対応できるはずだ。

もし、それがうまくできなければ、9番アイアンを使って手打ちだけでヘッドを走らす練習から取り組むのも一つの便法である。問題は、大げさに言うとその時「引っ掛け」が出ればよい。手元を確認しながら「引っ掛け」が出ると、リリースのタイミングがよくなり、レイトヒッティングができている証しである。要するに、ドライバーにおけるインパクト以降のフォロースルーでは、手元は左下（アウトサイド・イン）に抜ける動きになる一方、クラブヘッドは飛球線方向の外側に出なければならない。うまく打てない人はスプリット・ハンドで練習してみてはどうだろうか。

ところで、インパクトのときに「胸が回り切っていない」という動作の重要性は、よく耳にするとおりである。私もゴルフスクールに通っているときに、「体が突っ込んで胸の開きが早い」と先生から指摘を受けたことがある。その時、その意味することがわからず、早ければどんな弊害が生じ、それを直すにはどんな方法があるのか、質問すらしなかった経験がある。

これはプロとアマチュアのスイングについての違いの一つだが、プロはアドレスの前傾姿勢をキープしながら、インパクトに向けて右脇腹をサイドベンドして右肩関節を縦に使う。これによって力強いインパクトができる。これまで何回も述べたようにゴルフにおける「サイドベンド」(side bend：側屈）とは脇腹を縮める動きのことである。アマチュアはトップの位置からいきなりボールをめがけて当てに行くので、体が突っ込んで胸の開きが早くなるのはこのサイドベンドがないからだ。

いま一つ、プロとアマチュアのスイングの違いは、トップでの切り返しからダウンスイングにかけて考えればわかることだが、この間の最適なスイング軌道で起こる現象は、手元が動く距離に比べて、クラブヘッドの動く距離が小さいということだ。たとえば、プロはトップからの切り返しの瞬間に起こる下半身リードの沈み込みで、肩まで手元が30センチ移動する間に、ヘッドそのものは頭の後ろで、たった10センチしか移動しない。ところが、アマチュアはトップの切り返しからダウンスイングにかけて手首が伸びてクラブヘッドから最初に動いてしまう、いわゆるキャスティングから始まるので、ヘッドが1メートル近くも移動する。これではインパクトでヘッドを走らすことができない。

畢竟するに、打ち方の理論からすると、究極的に「よい手打ち」と「悪い手打ち」があるだけだともいえる。理論上は「体の回転と腕の入れ替え」の同調を伴わない、手の使いすぎを手打ちと呼ぶ。欧米のゴルフ教本では、「球筋をコントロールするときにアームローテーションは必要な動作だ」と教える。アームローテーションとは前腕の回転によって起こるフェースターンと手首のリストターンを同調させた動作のことだが、言ってみれば、両肘の向きに注意して腕を積極的に使うことで起こる動作である。ところが、日本のゴルフ教本では、「アームローテーションを意識してはダメだ」と教える。

しかし、横浜ゴムグループの株式会社プロギアが、光学式モーションキャプチャーシステムを使って集めたデータから、次のような分析結果を発表している。[32] すなわち、腕を脱力して垂らしたとき、左手首が回転する角度が30度以内の人は、「アームローテーション」が適し、この角度が35度を超える人は、「ボディターン」が適している。なぜなら、人間の手の甲は、インパクトでアドレス時の腕を脱力して垂らした状態に戻る特性があるからだ。

そんなわけで、直立不動の気をつけの姿勢をとったとき、左右の腕の甲が前を向く人は、巻き肩といってグリップがややストロングになるので、フェースの開閉を抑えて体の回転で球をとらえる「ボディターン」のほうがよい。他方、直立不動の気をつけの姿勢をとったとき、左右の腕の甲が横を向く人はグリップがややウィークになるので、「ボディターン」を抑えてフェースの開閉を意識して「アームローテーション」をしっかり取り入れ、ターンオーバーを身に付けたほうがよい。この「アームローテーション」を自然に使いながら、ストレートフックが出ると「よい手打ち」となって、ヘッドスピードが格段に上がるだけではなく、球筋もコントロールすることができるようになる（練習方法としては、第5章第1節「スプリット・ハンド・ドリル」を参照）。

簡潔に言うと、クラブヘッドを走らせるためには、ヒップターンを最大限に利用して、右脇腹を縮めて右肩関節を縦に使い、ハーフウェイダウン以降はフェースターンを使わずに前傾角度を維持しながら、左前腕を捻じりながら引いて手首を掌屈（bow, bowing）させると同時に、右前腕を押し込むように捻じって手首を背屈（cup, cupping）させる。もっともこの動作が整えば、正しいフェースターンは自動的にできるようになるから、人間の身体というものは不思議なものだ。

それでもクラブヘッドを走らすことができなければ、次のような左足がクラブより先に動く「ステップ打法」ドリルで改善できるため、ここに紹介しておこう。

(1)　たとえば、上半身はまだトップへ向かうにもかかわらず、下半身は左に向かって沈み込む状態を意図的に作れれば、手元の力がいらない「よい手打ち」の意味がわかるはずだ。最初はトップに来たときに踏み込んで、スイングプレーンに順序よくクラブが自動的に乗りやすい、ゆったりしたリズムでも構わない。

(2) 時々取り入れてほしいのは、7番アイアンを持ち、ボールを縦に四個並べてリズミカルにテンポよくステップを踏んで、連続フルショットしてみる。その時に「よい手打ち」ができれば、トップからの切り返しの瞬間に下半身リードの沈み込みで、左足の拇指球への圧力移動の仕方が理解できるようになる。

(3) その他、「悪い手打ち」防止にもつながる簡単なドリルは、私がゴルフスクールで習った左手を上にして、そこから右手を添えて両手の甲をクロスさせながらシャドウスイングするだけで、手元がクロスするため体の回転で振る感覚が養える。「意識」と「行動」の間にはずれが生じるため、この沈み込みのカウンター動作は意識せずにできるようになるまで、練習を積み重ねる以外に特別な方法はない（練習方法としては、第5章第2節「アップワードブロー防止ドリル」を参照）。

第5節　綺麗なフィニッシュはよいスイングの証しなのか

ゴルフ教本では通常、「インパクトがゴルフのすべてだ」と説く。それはそれで真理だと思うが、真理は絶対的なものではなく、とりあえずのものである。そのためか、インパクトを確実なものにするためには、その前のダウンスイングをどうしたらよいかが議論の中心にならざるを得ない。

しかるに、「スイングとは何か」という根本問題にまでさかのぼって考えると、そのカテゴリーにおける上級者と初級者の違いは、初級者は下半身リードがないため、インパクトのときにすでに「胸」が回り切っているが、上級者はインパクトに向けて右脇腹をサイドベンドしながら前屈姿勢になってから「胸」が回る。

私がこれまで上級者と一緒にラウンドして、一番感じたのはフィニッシュである。「クラブヘッドに引っ張られるようなフィニッシュが取れれば、ヘッドが走り、ミート率が上がる」と彼らは言う。それなのに、その意味を理解できなかった。ミート率とは別な言い方をすると、どれほどクラブヘッドからボールにエネルギーが伝わったかを示す数値である。

このフィニッシュからスイングの理論を考えると、スイングがシンプルかつエレガントに解明できる。これまでの日本のゴルフ教本でもフィニッシュの形態についての説明はあったが、依然として「フィニッシュは意識して取るものではない」の一点張りが多く、理論的な分析はいまだ進んでいない。

米国のゴルフ教本では「スイング作りはフィニッシュから」と呼びかけるところを見ると、綺麗なフィニッシュはよいスイングの証しなのだろうか。残念ながら必ずしもそうとは言えない。なぜなら、綺麗なフィニッシュでなくても狙ったところにボールを運べれば問題はないし、球筋によってもフィニッシュの形は変わるからだ。とは言うものの、「綺麗な」という言葉そのものに、「悪い」あるいは「下手な」という価値が付与されず、「よい」あるいは「上手な」という暗黙の価値前提がある。

ともあれ、クラブヘッドに引っ張られるようにフィニッシュを決めるのはそれほど難しいことではない。そのため、フィニッシュでは「手に力を入れて取る」から「脱力するため引っ張られる」という感覚に変わらなければならない。

読者の中には、たかがこんなことかと思うかもしれないが、インパクトのときに、アマチュアの多くはすでに「胸」が回り切っているため、綺麗なフィニッシュが取れない。

私自身もゴルフスクールに入学して、最初のラウンドレッスンの際にスクールの先生が生徒全員を集めて、「ドライバーでフィニッシュが取れない者には罰ゲームを科す」と宣言したことがある。その時私は「フィニッシュが取れなくてもちゃんと狙ったところに飛んだらよいのではないか、変なことを言うな」と思っていたが、いざ人を指導してみてその意味が初めて理解できるようになった。特にドライバーに関して、アマチュアの多くはインパクトのときに「胸」が回り切っている。これでは、フィニッシュを取ろうとしても取れないはずだ。これは、体を速く回そうとすること自体に問題があるわけではなく、トップからの切り返しの「間」のないまま体を速く回そうとするから、そうなるだけのことである。

周知のとおり、1990年代に入ってからこれまでの腰に負担をかけるような「逆C字型」

フィニッシュではなく、圧力を左足に乗せるだけの「I字型」フィニッシュがドライバーの標準になる。

ドライバーにおいては、右足のくるぶしを内側に倒して右太腿を素早く内旋させ、右膝を左膝に近づける動作を取り入れることで、体の回転スピードが上がる。その時頭も左に回転させ、右肩、右骨盤が左肩、左骨盤より前に出て、右肩が左肩よりも少し下がり、右足はつま先立ちの「I字型」フィニッシュで終えたいものだ。

正しく、「フィニッシュは、スイングのバロメータ」というくらい大事な動作である。バランス良いフィニッシュの姿勢を取れる人はそれだけで、ゴルフの上級者である。フィニッシュの際に気をつけたいのは、左肘の位置によって軸ぶれが生じるということだ。したがって、左右の内腿を密着させ、右肩、右骨盤が左肩、左骨盤より前に出て、右足はつま先立ち、左腕は俗に言う「招き猫」のポーズ――左の二の腕が地面と平行、かつ左前腕が地面に対して垂直――を取れるかどうかにかかっている。

あわせて、次のことも理解しておきたい。フィニッシュでの圧力の位置によって弾道が変わるということだ。なるほど、ボールの位置やスタンスの取り方次第による球筋論もあるが、それらを捨象して、フィニッシュにおける球筋論だけを展開すれば、次のようになる。たとえば、①左足の拇指球圧力フィニッシュではスライス、②左足の踵圧力フィニッシュではフック、③左足の土踏まず圧力フィニッシュではストレートボールになりやすい。人間は、何と無意識のうちに左足の裏の圧力を前後左右に移動させ、スイングをコントロールしている。

畢竟、原理的にはクラブヘッドが静止するためには、力のモーメントが釣り合う必要がある。モーメントは支点から力が加わる力点までの距離ではなく、少し専門的になるが、支点からの力の作用線（line of action of force）に向けた長さとなる。回転運動のゴルフではこの作用線に向けたエネルギーの解放をリリースという。このリリースポイントを遅らせることによって、より強い力をボールに伝えることができる。

理屈は単純なのに相変わらず、クラブを強く握り、上半身主体の手打ちが多いことに驚きを隠せない。グリップを強く握ると、単に筋肉を硬直させるだけで、トップからの切り返しの「間」ができないばかりか、インパクトでターゲットラインに対してフェースの向きをスクエアに戻す「タイムラグ」（時間差）を稼ぐこともできない。

プロは簡単に「間なんて自然にできるよ」と言うけれど、プロは上半身と下半身の「捻転差」と、重心の上下の移動による「振り子」の動きを合成したスイングをしているからできるのである。プロゴルファーに限らず、どんな職人でも道具を上手に使いこなすには、手先の器用さだけでなく、切り返すときの「間」の感覚も鋭くなければならない。これはセンスの問題であって是非善悪の問題ではない。とりわけ、利き手の右手の親指に力が入り、グリップのラバーの一部がすり減っているようなビギナーにとっては、永遠の課題である。

第６節　ドライバーのプレショット・ルーティン

ゴルフ仲間の会話で朝一ショットが話題になることがある。朝一ショットは、プロでも緊張を強いられるので、アマチュアではなおさらのことだと思う。われわれの仲間を見ると、何人かがティーマーカーとティーマーカーの中間付近に漠然とティーアップしている。理由を問うてみたことはないが、ここで打ちなさいと誰かに指示されたかのように、何のためらいもなくアドレスする。それでうまくいく場合もあるが、プッシュスライス、チーピン、チョロ、天ぷらなどのミスを犯す場合もある。

ミスを未然に防ぐには、ドライバーにおける「プレショット・ルーティン」が欠かせない。難しいことではないので、是非とも自分の自分による自分のためのプレショット・ルーティンを確立してみてはどうだろうか。これは「ゴルフの神様に祈りをささげる儀式だ」と思ったらよい。

ベン・ホーガンですら、最初のショットがその日の調子を左右するので、１番ホールのティーイングエリアに上がってからティーショットするまで、もっとも時間を割いたという逸話が残っている。

以下、私が実践している具体的な例を紹介しよう。

(1)ティーイングエリアに上がる前に、必ずそのホールのピンの位置（ピンポジション）がグリーンの前後左右における4分割のどこにあるかを確認することから始める。たとえば、ピンの位置が左奥だとランを使えるので、ドライバーショットは思い切り振って右ラフでも構わないなど、ピンポジションから逆算してホールの攻略を立てる。

(2)次に、ティーイングエリアの後ろに立ってホール全体を見渡して、今日のティーマーカーの場所から安全なところを狙うべきか、リスクはあるがスコアを縮めるべきかを決め、それに合わせてティーアップする。

(3)ティーアップするとき、まず自分のコンディションや風向きなどを勘案して、30センチぐらい先のところにスパット（目印）を見つけ、スパットと目標を結んだ線上を基本にティーアップする。自分の持ち球や飛距離、ホールレイアウトなどを前提に、ここでは目標を平面ではなく、立体的にとらえる空間認識力を優先させる。

(4)ボールの位置から三、四歩後方に後ずさりし、これから打とうとする方向と目標地点を確認する。

(5)その場所で素振りをする。この素振りは、スイングアークの最下点とフェースの向きをチェックするためのものなので、リズミカルにテンポを重視しながら本番に臨むリハーサルだと思って振ればよい。どういうわけか、素振りのときにヘッド・ビハインド・ザ・ボールを維持し、本番のときに打ったボールの行方を気にしてからヘッドアップするアマチュアゴルファーが後を絶たない。

ゴルフでは本番でスイングスピードが上がれば、軌道は自動的に安定するため、素振りでは余計なことを考えず、イメージ作りに専念するほうがよい結果をもたらす。

⑹スタンスの位置に回り込んだら、まずクラブを右手で握ったまま――ただし、胸を開く癖のある人は両手で握ったまま――フェースをスパットに合わせながら、いったんボールの位置が中央に来るところで両足をそろえて立つ。続いて右足のつま先を飛球線に対して10度ぐらい、左足のつま先を外側に４分の１（22・５度）ぐらい開いてセットする。

また、自分の癖を意識して必要に応じて肩やスタンスのラインをボールと目標を結んだ線に対して平行になるようにアラインする。たとえば、左手で握ったまま入ると、肩が閉じて目線が自然に右を向き、左の視野が狭くなるので、その場合は右手で握ったまま入るなど。また逆に、右手で握ったまま入ると、肩が開き目線が自然に左を向き、右の視野が狭くなるので、その場合は左手で握ったまま入るなどして工夫を凝らす。

⑺後は自分を信じるしかない。もし違和感があるようなら、そのまま打たずに一度アドレスを解く、そのような心の余裕も時には必要だ。

これは私のプレショット・ルーティンなので、読者はこだわる必要はない。ただし、やってはいけない動作は、アドレスに入ってから目標を再確認するため上体を起こしたり、もう一度素振りを繰り返したりしないことだ。せっかく作ったアドレスを台無しにしてしまうからだ。

「よいスイング」を身に付けるためには、まず自分の悪い癖を知り、それを克服してよい動きに近づける以外方法はない。しかし、「よいスイング」の定義が一様に決まっているわけではないので、個々人に合ったアドレスが絶対に不可欠となる。くれぐれも言っておくが、本番に及んで体の向きは正しいかどうか、トップはどうなっているかどうかなどを一切考えないことだ。これがスイングを成功させるための秘訣である。

よく言われるように、ホールでは旗を立てて待ち構えるピン様が王様で、ゴルファーはボールを王様のもとに運ぶ召使いにすぎない。問題は、プレショット・ルーティンを約30秒以内で終わらせることができるかどうかということである。畢竟、プレショット・ルーティンのためのルーティンでは意味がない。

慣れないうちは、アームとシャフトの角度を維持したまま、さりげなくワッグルやフォワードプレスなどのカウンター動作を入れてからテークバックするとよい。

たとえば、始動は右股関節を軸にしてヒップターン、できればスウェイさせずに右膝を伸ばしながら右股関節を後ろに引くように捻じればよい。次に、胸を捻じり回して左肩関節を押し込みながら右肩全体をつり上げる。その間に、右肘を後ろに引かず、右肘を地面に向けるように回して上げるとトップは完了する。

この時、注意すべき点としては右肘を極端に絞ろうとせず、かといって右肘を浮かせたフライングエルボーにしようとせず、自然に曲げておくと脇が締まってシャフトが寝るので、エルボープレーンをなぞって、シャフトを加速することができる。もしトップで右肘が地面を指さず、大きく浮いた状態になると、フライングエルボーといって、初心者には理想の切り返しが難しくなる。確かに、プロの一部には「右肘を引いて上げる」ゴルファーもいるが、できれば真似しないほうが賢明だ。当然、クラブがトップに向かって動いている最中に、下半身リードの準備が始まっている。

それでは、強大な捻じれパワーが生じる胸と骨盤の捻転差を拡大させるにはどうしたらよいか。従来のゴルフ教本では肩の向き90度、腰の向き45度、その捻転差が45度、トップでのシャフトの向きは飛球線に対してスクエアに向けるほうが望ましかった。だが、リアルタイムスイング解析器の「ＧＥＡＲＳ」（ギアーズスポーツ社）によれば、胸の向き97度、骨盤の向き41度、その捻転差は56度にして、その時シャフトの向きはレイドオフに収めるほうがよいという。

このように肩関節は回すにもかかわらず、右股関節に負担をかけることがなく、下半身リードがスムーズになって、方向性や効率性を高めることがバイオメカニクス（生体力学）によっても明らかにされる。

現代ゴルフのスイング理論では、トップをできるだけコンパクトにして、体の回転と腕の入れ替えの同調を伴えばちゃんとオンプレーンに乗せることができる。最近は、弾道測定器や画像処理解析装置などの発達などと相まって、すなわちトップは切り返しの位置と考え、つまりトップは何度も言うように右肩ぐらいの高さで、後はその反動として若干上がるのは自然のなせる業ゆえに気にする必要はない。

しかしながら、トップの位置は一概に決めることは難しいが、常に問われるのは、クラブが正しいスイングプレーンに乗っているかどうかということだ。もしトップの位置がわからなければ、小学校体育の授業などでおなじみの「前へ倣え」の姿勢、いわゆる両手を前に出した姿勢から右手をそのまま１００度ぐらい右に回すと、肩甲骨でロックされて動かないところがあるはずだ。その時右肘を90度立てて前傾姿勢が取れれば、その人のトップである。ただし、その時右肘を90度以上曲げないのがコツ。

どうしてもトップで手元が肩口から外れる人は、対症療法としてフェースの向きに気をつけながら、クラブを上げてショルダーターンしてもよい。最初はぎこちないが、慣れてくれば、最適なトップが身に付くはずだ。

次に問題として取り上げたいのは、「コック、ヒンジ&リリース」である。ゴルフ教本では「コック、ヒンジ&リリース」が一番大事だと指摘するが、その意味を本当に理解している人はきわめて少ない。結局、リリース（release）とは何かという問題に行き着く。ゴルフにおけるリリースとは手首のコック&ヒンジのエネルギーを「解放すること」だ。それゆえに、コック、ヒンジ&リリースの三つの行為はそれぞれ表裏一体の関係にある。[33]

たとえば、素人にドライバーを打たせると、ティーアップしたボールの位置が左側にあるため体全体で突っ込むか、アップワードブローになるかのいずれかになる場合が多い。体全体で突っ込めば、ヘッドが鋭角に入るしかなく、またアップワードブローでスイングすると、インパクトで左手首が手の甲側、右手首が手のひら側に折れてフリップしてしまうしかない。このようにコッキングを早く解くとヘッドが走らず、ダフりやトップの原因になるばかりではなく、インパクトに向けてヘッドのトゥダウンや捻じれ戻りを伴わず、クラブヘッドの加速する機会を自ら逃す羽目になる。

改善方法は最下点を意識して練習を積み重ねるしかないが、ゴルフスクールに通わず、しかも即効性を求める人は第5章第1節で述べる「スプリット・ハンド・ドリル」を試みてほしい。

勘違いしてもらっては困るのが、アップワードブローだからといって下から上に振り上げる動作ではなく、クラブヘッドが正しい軌道上にあると、スイングアークの最下点を通過した後の上昇過程で、自動的にボールに当たるだけの現象なのだ。したがって、ボールに向かって打ちに行くと、最下点はボールの方にずれてしまうので、スイングプレーンが安定しない人はボール

より3～4個手前の最下点を意識してほしい。すなわち、アッパーブローで打つことでアタックアングル（入射角）が緩やかな鈍角になるためスピン量を減らしたり、あるいはフェースが上向きでボールに当たるためエネルギーロスを減らしたりすることができる打ち方なのである。

この場合、スイングにおけるチェックすべき点は二つ。一つはヘッド・ビハインド・ザ・ボールを維持しながらインパクトを迎えることができたかどうか、いま一つは、ハーフウェイダウンの位置に来たときには左手の甲が正面を向き、シャフトが地面と平行、かつシャフトの延長線がターゲットライン上にあるかどうかということである。たかがこんなことかと思うかもしれないが、素人の8割以上がダウンスイング時でのリリースが早いアーリーリリース、あるいはキャスティングで悩んでいる。

ベン・ホーガンではないが、アーリーリリースまたはキャスティングはゴルフでは絶対にやってはいけない動作であり、これだけでもグッドショットのチャンスを自ら逃す羽目になりかねない。これまでの例からもうかがえる通り、アベレージゴルファーが一度覚えたアーリーリリース、あるいはキャスティングをナチュラルに修正するには、かなりな時間と忍耐を覚悟しなければならない。

コラム２

ドライバーの歴史

ドライバーの歴史を紐解くとなれば、ゴルフの歴史と同様に、最低でも５００年前までに遡らなければならないが、ここでは近代ゴルフとの関連で考察する。

クルミ科の木で作られた「ヒッコリーシャフト」の出現は１８２０年代後半である。ウッドフェースの中央が膨らんだ「バルジャー・ドライバー」がこの世に出たのが１８７４年、パーシモン（柿の木）製のウッドクラブが風靡したのが１８９０年代である。

その後１００年ほどパーシモンヘッドの全盛期が続き、ドライバーに転機が訪れるのは１９７９年である。この年にテーラーメイドゴルフ社がステンレス素材のメタルドライバー「ピッツバーグ・パーシモン」を発売したからだ。その後１９８２年、ミズノ株式会社からグラファイト製の「バンガード」、同じくミズノ株式会社から１９９０年、チタン製の「ミズノプロ Ti-110・120」がデビューして話題になる。

そして、忘れてはならないのは１９９１年にキャロウェイゴルフ社から大型メタルウッドの初代「ビックバーサ」、２００３年に株式会社プロギアからカーボンクラウンとチタンボディという複合構造のカーボンコンポジット製の「デュオ」、２０２２年にテーラーメイドゴルフ社からチタンフェースを凌駕するカーボン素材の「ステルス」が世に出る。

ドライバーにはこのような歴史があるものの、なかんずく、この30年間でヘッド体積が160ccから460ccに大型化、それに伴いシャフトの長尺化と軽量化を競ってきたが、2008年1月にR&A（Royal and Ancient Golf Club of St Andrews：英国ゴルフ協会）とUSGA（United States Golf Association：全米ゴルフ協会）によって反発規制ルールが適用される。反発係数は0・830以下、ヘッド体積は460cc以下、クラブの長さは48インチ以下、さらに飛距離を抑制するため2021年10月には、クラブの長さは46インチ以下という規制が敷かれる。それに伴い、新たな革新が生まれづらくなったため、各クラブメーカーは「芯を多少外しても飛んで曲がらない」を謳い文句に、ミスに強いヘッド左右慣性モーメントが高いドライバーを売り出すようになる。

ドライバーに関して言えば、たとえばスコアを縮めるには、プロにとって飛距離のほうが精度よりはるかに重要である。2020〜2021年度、PGAツアーの男子選手におけるドライバーの平均飛距離が300ヤードを超えた選手は、ゴルフ科学者の異名を持つB・デシャンボーの329・2ヤードを筆頭に75人もおり、プロとアマチュアの間で圧倒的な飛距離差が生じるようになる。確かに、昨今のゴルフクラブの進歩は喜ばしいことだが、距離を望むプレイヤー側と売らなければならないメーカー側がどの辺で折り合いをつけるかが常に問われる。
しかし、問題はそれだけではない。もし飛距離が伸びた分コースを拡張すれば、コースの年間維持費がかさんだり、プレイ時間が長くなったりしてゴルフ場の経営にも別の影響を与える恐れがあるからだ。

このような状況の下で、ヘッドメーカーの撤退もあり得ると思いきや、ある種のクラブヘッドに関しては株式会社遠藤製作所にたどり着く。ゴルファーにとっては不思議に思えるかもしれないが、クラブメーカーが自社で製造するところは少なく、世界に冠たる技術力の高さを誇る日本の遠藤製作所が、ＯＥＭ（Original Equipment Manufacturing：相手先ブランド製造）として請け負っているにすぎない。

遠藤製作所の強さの秘訣は、単にクラブヘッドの製造だけでなく、新潟県燕市から行動するグローカルな視点で人工関節をはじめ、インプラントや航空機部品にも取り組んでいるところにある。

いま一つ関連した話題を取り上げておこう。２０２1年6月6日、全米女子オープン選手権で優勝した笹生優花が使用したドライバー（SIM2MAX）はテーラーメイドゴルフ社、アイアン（TC-101）は株式会社三浦技研（兵庫県神崎郡市川町）、パターはプレッティ社（テキサス州ヒューストン市）の“Piretti Potenza Elite Tour Only GSS Handstamped Putter Y.S. 1st”である。彼女の優勝を機に、日本ではプレッティ社の49万５０００円もする高額パターに注文が殺到し、販売代理店側からうれしい悲鳴が上がったエピソードなどが雑誌に載る。

ところで、ドライバーの進化についても論じておこう。前述したとおり、２００８年に反発規制ルールが施行してからその規制の範囲内でドライバーも進化している。最大の特徴はスイートエリアが拡大するに伴い、フェース面の反発力が高くなったり、低重心でスピン量を減らして打てるようになったりした点である。現在は、フェース面の反発係数は０・８３０未満となり、ボール（測定器用の鋼球）とフェースの接触時間を測定したＣＴ（Characteristic Time）値は２３９μs（許容誤差範囲は２５７μs）以下となる。

ここで読者に質問である。フェースの芯（スイートスポット）はどこにあるのだろうか。その答えは、「フェースの芯は、ヘッドの重心からフェースに向かって伸びた垂線がフェース面と交わった一点のところにある」。ここに当たるとエネルギー効率がもっともよく、ボールを遠くへ飛ばすことができる。すでに知っている人も多いと思うが、芯の位置は重心の位置によって左右されるため、必ずしもフェースの真ん中にあるとは限らない。

また、ヘッドが大型化したからといって、それをクラブメーカー側といえども勝手に拡大することはできないはずだ。現在のドライバーは規制ルールの範囲内でしか進化できないので、毎年新たなドライバーに飛びつくよりも、数年前の型落ちのものを安価で購入して新たな発見を楽しむのもどうだろうか。最近は売り文句で「スイートエリアが前年よりも10%広がった」と広告宣伝するメーカーが多いが、スイートスポットが広がったと勘違いするユーザーが後を絶たない。

注

26 Gary Wiren (1990) *PGA Teaching Manual: The Art and Science of Golf Instruction*. Palm Beach Gardens, FL: PGA of America. 匿名訳（１９９４）『ＰＧＡティーチングマニュアル――ゴルフ指導の技術と科学』日本語版、International Golf Research Institute.

27 Homer Kelley (2006) *The Golfing Machine* (7.2 ed.). US: The Golfing Machine (Original work published 1969). 大庭可南太訳（２０１８）『ゴルフをする機械』ツースリーマネジメント．〈https://www.golfmechanism.com/?p=51〉２０２３年10月16日を参照．なお、大庭はYouTubeでも本書の解説を試みている．その他、木場本知明、中坊仁嗣監修・訳（２０２３）『*The Golfing Machine*――ジオメトリーオリエンテッドリニアーフォース』文彩堂出版．

28 Theodore P. Jorgensen (1999) *The Physics of Golf* (2nd ed.). New York: Springer (Original work published 1994). 生駒俊明監訳、藤井孝蔵、生駒孜子訳（１９９６）『ゴルフを科学する』丸善．

29 〈https://trackmanuniversity.com/LoginAndSignUp?ReturnUrl=%2F〉２０２１年10月26日を参照．なお、「トラックマン」が新飛球法則を最初に発表したのは、２００７年11月である．あわせて、奥嶋誠

昭（２０１７）『ザ・リアル・スイング――科学が解明した「ゴルフ新常識」』実業之日本社、奥嶋（２０１８）『ザ・リアル・スイング――最適スイング習得編』実業之日本社を参照．
30 〈https://thesandtrap.com/forums/topic/118501-trying-to-coin-a-phrase-for-part-of-the-d-plane〉２０２４年1月10日を参照．
31 堀尾研仁（２０２１）『ゴルフ　脱・感覚!!　スイングの真実――ＱＲ動画付きで、正解とのズレがわかる』河出書房新社．あわせて、〈https://ameblo.jp/higashiginza509/entry-12640366500.html〉２０２０年12月19日を参照．
32 〈https://www.prgr-school.com/column/swing-analysis/gdo-swing-scan-part1〉２０２１年3月13日を参照．
33 永井延宏（２００８）『ゴルフ上達のカギを握る超ウェッジワーク』青春出版社．

第3章

フェアウェイウッド、ユーティリティ、アイアンの打ち方

第1節　3番ウッド（スプーン）と5番ウッド（クリーク）の打ち方

ドライバーでボールをフェアウェイにヒットできるようになれば、フェアウェイウッド３番の出番である。しかし、ゴルフクラブの中で一番難しいクラブがこの３番ウッド（スプーン）である。ドライバーと違い、コース内の地面から直接打つにもかかわらず、失敗したドライバーの飛距離を取り戻そうと、アマチュアゴルファーはどうしても1打目のドライバーと同じ感覚で、しかも力んで飛ばそうとするが、残念ながらうまくいかない。

ヘッドスピードのあるプロは別として、アマチュアが成功するためには何が必要なのだろうか。そのためには次の四つの条件が整わなければならない。

成功させるための第一の条件は、シャフトの長さに惑わされずにグリップを短く持つこと。とは言っても、短く持ったからといって膝を曲げ、ハンドダウンにして前傾を深くしては元も

子もない。

ドライバーのところでも述べたように、アマチュアにとってグリップをぎりぎり長く持つよりも、短く持つことでライ角が最適になったり、カウンターバランス効果が上がったりすることで、ミート率（ボール初速÷ヘッドスピード、最大値1・56）を向上させ得る。

だが、前述したように短く持ったからといって、膝を曲げ、ハンドダウンにして前傾を深く重心を低くすると、体のぶれが大きくなるだけであって、これでは失敗するための準備をするようなものだ。

ゴルフ教本では、フェアウェイウッドの打ち方の基本として「横から払うように打て」と述べるが、この「払い打ち」を理解できず、私が通うゴルフスクールの先生に尋ねてみた。すると、「払うように打つという意識は必要ない。なぜなら、アイアンに比べシャフトが長くライ角が小さくなる分軌道がフラットになり、それ自身レベルブローのスイング軌道になるからだ」とおっしゃる。

ゴルフ教本に載っているのは、結果としての「現象」にすぎない。先生から「クラブが長くなる分トップから小さい円弧で当てに行かず、入射角を緩やかにしながらダウンブロー気味にスイングしてみたらどうだろうか」とアドバイスをいただく。

成功させるための第二の条件は、スイングアークの最下点（low point）でボールをとらえること。結論から先に言えば、スイングアークの最下点でスイングするのがベストで、緩やかなダウンブローでスイングするのがベターという結論になる。

ダメな打ち方は、バックスイングで体がボールから離れることで、その不安から顔をボールに近づけ、前傾を深くしたり、またボールを上げようとして左肘を持ち上げながら、上体を突っ込んだりすることである。気持ちはわかるが、これではフェアウェイウッドの特徴である広いソールを有効に使えず、却ってトップやダフりを誘うだけである。なかんずく、ボールが沈んでいたり左足下がり（downhill）のライだったりした場合、「とらえる」という観点から言えば、広いソールやロフト角に惑わされずにインストラクターの先生のおっしゃるとおり、目線を上げずに緩やかなダウンブロー（descending blow）でとらえるほうが確実に飛ばせる。

なぜなら、米国におけるＰＧＡツアーの男子プロとＬＰＧＡツアーの女子プロにおけるフェアウェイウッドの入射角を「トラックマン」のデータから確認する限り、３番ウッドについて男子プロはマイナス２・９度、女子プロはマイナス０・９度、５番ウッドについて男子プロはマイナス３・３度、女子プロはマイナス１・８度である。このデータから言えるのは、フェアウェイウッドに関して、ラウンドでは男女プロとも緩やかなダウンブローでスイングしていることになる。

これらのデータをどう生かすかはこの後で吟味するとして、フェアウェイウッドの打ち方で「払うように」ということから、ソールを意識的に擦らして使うものではなく、結果としてソールが擦るという現象が起こっているにすぎない。したがって、これに逆らって意図的にソールを擦らせようとすれば、クラブヘッドの入射角が必要以上に鈍角になって、かえって失敗の確率を高めることになりかねない。

このような失敗がなぜ起こるかについては、次のような原因を挙げることができる。

(1) 人間は長いシャフトのクラブを持つと、どうしても不安から自然に体がボールに近づき、膝を深く曲げようとする。その姿勢から次にボールを遠くへ飛ばそうとすれば、どうしてもトップの位置を高くせざるを得ない。

(2) この状態から右足に体重をかけたまま当てに行くという意識が強いと、その反動で突っ込み、頭の位置が完全に左にずれるため、スイングアークの最下点もずれざるを得ない。

このように上下、左右の無駄な動きが失敗を招く主な原因になる。忘れないでほしいのは、われわれが道具を使っているということだ。たとえば、フェアウェイウッドという道具はもともと、ヘッドが低重心構造——当たればトップしてでも飛ぶ構造——になっているにもかかわらず、いざこれを使いこなすとなると意外に難しいクラブであることがわかる。

　私は先生から「軌道をしっかりさせるために砂の上でアドレスを取るような気持ち、すなわちクラブを短く持って前傾角度に対して股関節軸を正しくキープしながら、両足の間に大きなゴムボールを挟んで、両足の内側に圧力をかけるようなイメージでスイングするように」とアドバイスをいただく。

　ゴルフスクールで前述のようなアドバイスをいただいたので、私はボールがある場所のライの状態、特にボールが浮いているか沈んでいるかに注意を払い、特に浮いている場合は、力まずにクラブヘッドの入射角がプラスマイナスゼロになるようなレベルブロー（sweeping blow）を基準に振り抜くようにしている。だがこのレベルブローでは、インパクトに向かって上体が少しでも突っ込むとミスショットにつながる。ゆえに、フェアウェイウッドは「入射角が命だ」と言える。

　私がたまに失敗する動作の一つに、左足下がりの傾斜が厳しいにもかかわらず、無理して打ちに行き、トップやチョロをしてしまうことがある。そう考えると、ロフトの15度前後の３番ウッドで打てるライは非常に限られているにもかかわらず、ドライバーの次をスプーンでスイングするのを当たり前だと決めている人が意外に多い。これまでの失敗の経験から私は、フェアウェイからでもライやボールの状態いかんでは、ロフト角18度の５番ウッド（クリーク）や21度の７番ウッド（ヘブン）を選択するようにしている。

最新のフェアウェイウッドに関しては低スピンと高初速を叶えたため、打ち出し角とスピン量はこれまで以上に飛距離に影響を与える。たとえば、平坦な地面からヘッドスピード40ｍ／ｓと45ｍ／ｓの人の飛距離を比較した場合、男子アマチュアゴルファーの平均的なヘッドスピード40ｍ／ｓの人は、ロフト15度の３番ウッドが１５８・６ヤード、ロフト18度の５番ウッドが１７０・２ヤードで５番ウッドのほうが飛んでいる。ハードヒッターの45ｍ／ｓの人は３番ウッドが２２３・２ヤード、ロフト18度の５番ウッドが２２１・５ヤードでほとんど変わらないという報告がある。[34]

その理由は、ヘッドスピード40ｍ／ｓではロフト15度の３番ウッドでスイングしても、打ち出し角が10度にしかならず、スピン量２９００ｒｐｍで打ち出し角とスピン量がともに不足するからだ。しかし、ヘッドスピード45ｍ／ｓまで上がると、打ち出し角が11度、スピン量が４０００ｒｐｍになる。これが事実だとすると、ヘッドスピード40ｍ／ｓ前後の人はティーアップしたときや、ボールがある場所のライの状態が良いとき以外、３番ウッドを使わないほうが賢明だという結論になる。

このようにフェアウェイウッドの低スピン化、高初速化、ボールの表面上のカバー素材における改良などで、飛距離とスピンの相反する要求を両立しつつあるため、アマチュアにとってフェアウェイウッドも３番を外して、５番、７番、９番で間に合う時代が到来したといえる。

それといま一つは、クラブの重さである。よく「軽くて飛ぶ」という宣伝文句の下で、ドライバーよりも軽いフェアウェイウッドとして販売しているが、はたしてすぐに飛びついたほうがよいかどうかということである。

フェアウェイウッドに関しては、軽ければ軽いほど良いというわけではなく、スイングテンポが速くなったり、クラブにかかる慣性力（遠心力と向心力）が足りなくなったりしてミスの確率を高めるだけである。たとえ力のない非凡な人でも、ドライバーと同じ重さのものを使ってほしい。もし45インチの総重量３００グラムのドライバーを使用している男性アベレージゴルファーが43インチの３番ウッドを選ぶなら、３２０〜３２８グラムの範囲内のものがベストだ。

これは、ドライバーを基準にしての話だが、半インチ長さが短くなるたびに5〜7グラム増えるのは、重量フローとクラブセットの関係から割り出した数値である。一般論として言えば、いま使っているドライバーとアイアンの中間ぐらいの重量が丁度よいということになる。

フェアウェイウッドのスイングについての話に戻そう。ビギナーは最初に素振りでボールがある場所のライの状態から芝の抵抗と最下点を確認し、ボールの位置からどこにスタンスを取るかを決めるために必要な準備をする。これがフェアウェイウッドを成功させための条件の一つである。

それらを考慮した上で、スイングアークの最下点はスタンスの中央ではなく、左股関節の大腿骨の前ぐらいである。ゴルフスクールの先生から、慣れるまでは「左足の位置の延長線上からボール半個分ずつ右にずらしながら自分の位置を決めればよい」とアドバイスをいただく。

もう一度、アドレスでのポスチャーのところに戻ろう。最初にソールの全体を地面につける。その時クラブを浮かさずにライ角通りに構え、次に肩関節が下がって脇が締まった状態、いわゆるショルダーパッキングした状態から腕がリラックスして吊り下がっているかどうかをチェックする。

アドレスでは右手が左手の下になる分だけ、右肩が左肩よりも10度ぐらい自動的に低くなる。その状態で右肩が必要以上に突っ込まないように、右肘にゆとりを持たせ、左右の足へのウェイトを均等にする。その時できる背中の前傾角度を維持しながらグリップエンドと臍下丹田の間は、人によって異なるが、握りこぶし一個から三個分ぐらい離し、体の重心に当たる臍下丹田との距離を保つべきである。

裏を返せば、前傾角度がアイアンに比べて浅くなる分膝を曲げて手元のグリップの位置を低くし、当てようとして手首をこねるインパクトでは、失敗するための準備をするようなものだ。

成功させるための第三の条件は、アイアンに比べてシャフトが長い分横振りになりやすいので、それに応じてスリークォーターダウンから両肩と両肘とグリップからなる3角形に近い5

角形の面をできるだけ崩さずに、体を使って横振りに徹すること。

実はヘッドを低い位置からボールに向かわせて高い球を打てれば、飛距離はフルショットとそれほど大きく変わらず、しかも方向性が安定する。このクラブはドライバーのような飛距離よりも、ショットの精度を上げなければならないために、たとえば、日本で2015年と2016年の2年連続の賞金女王に輝いたイ・ボミのように10ヤード刻みで正確に打てれば、仲間内でのコンペでの優勝にも絡むようになる。

成功させるための第四の条件は、「べた」足打法でハーフウェイダウンの位置を通過するとき、右脇腹をサイドベンドしながら懐を深く使ってグリップの通り道を確保すること。アマチュアにとってこの感覚をつかめれば、左右に曲がらない攻略的なゴルフができるようになる。要するに、フォロースルーで右手リードではなく、左手リードで返すようになれば、体は自動的に真っすぐに起き上がるようになる。

以上、四つの条件のうちどの条件が一番難しいかと言えば、この第四の条件が一番難しい。なぜかと言うと、第一の条件を満たすにはクラブを短く持てば済むことだし、第二の条件はスイングアークの最下点でボールを打つにはスタンスの位置を調整すればよいことだし、第三の条件は「横から払うように打て」という言葉どおり、横振りに徹すれば済むことだからである。

しかし、第四の条件はインパクトでヘッド・ビハインド・ザ・ボールを維持しながら払い打つような感覚が必要になる。

もし払い打ちの過程で左脇が開くと、インパクトでフェースが開きスライス回転のボールが出る。反対に、この過程で右脇が開くと、フェースが被りフック回転のボールが出る。

要するに、ダウンスイングで「べた」足のまま右足の踵を上げずに右脇腹を縮めて右肩関節を縦に使い、左腕の肘から手首までの前腕を捻じりながら引いて左手をサムダウンさせることで、左手首が手のひら側に折れながら（あるいはそれほど折れずにフラットリストのままにしながら）回外する。一方、右前腕を押し込むように捻じって右手をサムアップさせることで、右手首が手の甲側に折れながら回内する。そして、インパクトの瞬間に左脇をキュッと締めながら左肘を突っ張らずにたためば、シャフト自身が回転しているため先端のヘッドが加速する。

もし右足の踵が上がっても右膝が前に出ずに内側の方へ、つまり左膝の方へ少し倒れる程度なら問題はない。フェアウェイウッドは、たとえ前傾を保てずに上体が起き上がってトップしても、ヘッドが低重心構造なため、ボールは上がらないが、飛距離はほどほど稼げる優れモノである。

読者はもううすうす気づいているかもしれないが、フェアウェイウッドではスタンス幅の基準は2足半分を目安に、アドレスではハンドファーストでもハンドレイトでもなく、左腕とシャフトを一直線にしてシャフトと両腕が小文字の「y」字型を基準とする。もし、アイアンのようにハンドファーストを強くすると、ロフトが立ちすぎ、プロは別として、ヘッドスピードが遅いアマチュアにとって、球が上がらないなどの問題を引き起こす原因になるからだ。これに対する練習方法としては次のようなものを挙げることができる。

⑴この練習方法においては、アイアンのような感覚ではフェースターンがしづらいので、最初から少しフェースを開いて構える。その際、ティーアップしたボールとマットの上に置いたボールを交互に打ち、インサイド・スクエア・インサイドでクラブヘッドの入射角がプラスマイナスゼロになるようなレベルブロー（sweeping blow）で打てるようになるまで、しっかりと練習を積み重ねておくことが大切だ。

⑵よくゴルフ教本では、「フェアウェイウッドはヘッド・ビハインド・ザ・ボール（head behind the ball）というスイングが不可欠だ」と強調する。間違いではないが、これだけを金科玉条の如く守ると、フェアウェイウッドの上達を阻害する恐れがある。なぜなら、初心者のように、何が何でも頭をボールよりも右側にキープしようとすると、トップからの切り返しの瞬間に胸を右足方向に傾け、ラテラル・ヒップ・ムーブメントをしながら、内旋した左膝をスタンスの位置に戻すことができなくなるからだ。その結果、重心を下げるための下半身リードの沈み込みで左足の拇指球に圧力を80％移動できずに、右足圧力のままでインパクトを迎える癖がついてしまう。

本人が意識できないうちにこの癖がつくと、スイングアークの最下点がボールよりも手前となり、スイング作りを最初からやり直しせざるを得ない。

レベルブロー（sweeping blow）とは、ヘッドがスイングアークの最下点に達したときに、水平に近い緩やかな角度で当たり、抜けていく打ち方である。しかし、このレベルブローは、インパクトにおいてヘッドの最下点が少しでもずれるとミスショットにつながるだけに、意外に難しい打ち方である。

もっとも難しいことをあれこれ考えるのが嫌なら、シンプルに「べた」足のままで、軸ブレのないスイングに徹すればよい。こんな簡単な動作でもこのクラブは魔法のクラブで、当たり所が悪くても飛ぶ構造になっている。かつて日本のゴルフ教本では『べた』足打法は足全体が使えずに手打ちになるからダメだ」という時代もあったが、「べた」足打法こそ「足」も「足全体」も使うので、習得するにはその分いろいろな工夫が不可欠だ。

(3)インパクトに当たっては、これまで何度も指摘してきたように、いずれにしても左前腕を捻じりながら引いて左手をサムダウンさせることで、手首が手のひら側に折れながら回外する。一方、右前腕を押し込むように捻じって右手をサムアップさせることで、手首が手の甲側に折れながら回内する。ゴルフスイングは前腕を「振る」のではなく、「捻じる」ところに秘訣がある。この微妙な操作が自然とできるようになったら、正しいスイングが身に付いた証しである。

フェアウェイウッドはスイングアークの最下点で打つ「払い打ち」、すなわち英語で言えば"sweeping blow"が基本である。でも前述したように、トラックマン社が発表した米国におけるPGAツアーの男子プロとLPGAツアーの女子プロにおけるフェアウェイウッドの入射角に関するデータを見る限り、3番ウッドについては、男子プロはマイナス2・9度、女子プロはマイナス0・9度、5番ウッドについては、男子プロはマイナス3・3度、女子プロはマイナス1・8度である。このデータから言えることは、フェアウェイウッドに関して男女プロともラウンドでは緩やかなダウンブローでスイングしていることになる。

その原因の一つは洋芝、特にバミューダ芝は和芝に比べて一本一本の根が細く柔らかいため、フェアウェイでもボールが沈みがちになるからだ。いま一つの原因は、そこに持ってきてプロはもともとヘッドスピードが速く飛距離が出るので、ダウンブロー気味に打ってスピン量を増やし、打ち出し角も低めに抑えることができるからだ。

強いてダウンブローで打ち込んだ場合の欠点を挙げれば、次のようになる。たとえば、打球にバックスピンがかかりすぎて飛距離をロスしたり、アウトサイド・インのカット軌道になって低いスライスしか出なかったりすることがある。したがって、アマチュアはラウンドでライが悪く沈んでいるボールの場合は、ダウンブローでスイングするのも方法だが、ヘッドスピード40m／s以下なら無理してフェアウェイウッドを使わないという選択肢もある。

してみると、やってはいけないのは、手首を返そうとしてあおったり、すくったり、しゃくったりするアップワードブローである。本来、返しすぎを抑えるためには左腕をたたむ動作が必要なのにもかかわらず、アップワードブローをするアマチュアが後を絶たない。これではロフトが死んで打とうという飛距離を望めない。

前述したドライバー全体の重心位置と同様に、フェアウェイウッド全体の重心位置もヘッドの重心寄りにあり、しかもシャフトの軸線上からずれた空間にある。これらを理解した上で、フェースは開いて閉じる働きをするため、インパクト直前までにターゲットラインに対してフェースがスクエアに戻らなければ、芯（sweet spot）を食わない。しかし、このフェースの開閉（フェースローテーション）によって3番ウッド（スプーン）でもボールを200ヤード以上簡単に飛ばすためには、この道具の持つメカニズムを理解することが先決だ。

したがって、「べた」足打法を活用し、第1章第2節「スイングの方法」でも述べたとおり右肩が9度前後前に出てボールを芯でとらえると、フェアウェイウッドでのマン振りが必要なくなる。要は、ミート率（ボール初速÷ヘッドスピード、最大値1・56）をいかに上げることができるかどうかが優先課題になる。これをマスターできるようになれば、コース内のクロスバンカーや傾斜地でも有効な武器になり得る。

以上、フェアウェイウッドを成功させるための四つの条件を述べてみたが、その他フェアウェイウッドで気をつけなければならないことは、ショートウッドの7番や9番の使い方である。ショートウッドはボールが上がりやすく、つかまりやすいので、ちょっと「手首をこねる」だけでボールは大きく左に曲がる特性がある。３番ウッドと違って７番や９番ウッドになると、シャフトが短くヘッドが小ぶりにもかかわらず、フェースプログレッション（Face Progression：ＦＰ）値が大きい、いわゆる出っ歯型になっているからだ。このような特性のある道具にもかかわらず、アマチュアはダウンスイングで左サイドの壁を気にしすぎて、右足に体重が残ったままの状態で打ち込みに行くことが多い。

このような人に「手首をこねている」とアドバイスしても本人にはその自覚がないのが一般的だ。これは手首やフェースローテーションだけの問題ではなく、ボディターンとアームローテーションも同調しないために起きる現象である。

かくして、われわれは「手首をこねる」ことで、最下点を自らずらしていることに気づき、スイングアークの最下点で打たなければ、フェアウェイウッドの成功する確率を低くするだけである。

もし、どうしても手首をこねる癖が抜けなければ、安定感を出すためにコック＆ヒンジを解くのを遅れさせるクロスハンドで、ハーフスイングする練習方法もある。最初は左腕を低く保って長く動かすような素振りからでも構わない。素振りが基礎練習になるので、効果はてきめんに現れるはずだ。本来、ショートウッドは難しい打ち方をするクラブではなく、難しい打ち方をカバーしてくれるクラブである。

われわれは一度、ドライバーのアッパーブロー（ascending blow）、フェアウェイウッドのレベルブロー（sweeping blow）、アイアンのダウンブロー（descending blow）の基本的打ち方をおさらいしておこう。まずサンドウェッジとドライバーを対比して考えれば、フェアウェイウッドのスタンス、ボールの位置、グリップの位置、ボールの打ち方、圧力のかけ方について自ずと結論が出る。

たとえば、スタンスの取り方とグリップ位置、ボールの位置とスタンスの関係、ボールの打ち方については次のような一般理論がある。

⑴スタンスの取り方については、①サンドウェッジはオープン、ウィークグリップ、左太腿（左大腿四頭筋）の前がグリップ位置（ハンドファースト）、②ドライバーはクローズドスタンス、フックグリップ（ストロンググリップ）、体の正面がグリップ位置（ハンドレイト）になる。③これに対してフェアウェイウッドはスクエアスタンス、スクエアグリップ、左太腿の内側がグリップ位置（ハンドファーストでもハンドレイトでもなく、左腕とシャフトを一直線にしてクラブと両腕が小文字の「y」字型）にする。

⑵アドレスでのウェイト配分については、サンドウェッジは左対右を60対40、ドライバー

は左対右を40対60とゴルフ教本では述べている。だが、サンドウェッジはオープンスタンスにするため左足を若干引く、この動作で左足圧力になり、同様にドライバーではクローズドスタンスにするため右足圧力になる。これに対してフェアウェイウッドはスクエアスタンスにするため左右均等のウェイト配分になる。

(3)ボールの位置とスタンスの関係については、サンドウェッジはボールを体の中心に置き、ハンドファーストで構える。ドライバーはボールを左足踵内側の延長線上に置き[35]、ハンドレイトで構える。これに対してフェアウェイウッドはボールをサンドウェッジとドライバーの中間ぐらいに置いて、ハンドファーストでもハンドレイトでもなく、左腕とシャフトを一直線にしてシャフトと両腕が小文字の「y」字型になるように構える。

(4)ボールの打ち方については、ヘッドスピードによって異なることを捨象して言えば、サンドウェッジはヘッドの入射角がマイナス３度から５度のダウンブロー（最下点前にインパクト）、ドライバーはヘッドの入射角がプラス４度から６度のアッパーブロー（最下点後にインパクト）にしなければならない。要するに、ドライバーはスイングアークの最下点の先にボールがあり、クラブパスはアウトサイド・インになるため、打ち出しを真っすぐ、あるいは右方向にしてドローボールを打ちたければ、スタンスはクローズドにしなければならない。

これに対してサンドウェッジはスイングアークの最下点の手前にボールがあり、クラブパスはインサイド・アウトになるため、打ち出しを真っすぐ、あるいは左方向にしてフェードボールを打ちたければ、スタンスはオープンになる。

フェアウェイウッドはヘッドの入射角がプラスマイナスゼロのレベルブロー（最下点でインパクト）。すなわち、フェアウェイウッドはスイングアークの最下点にボールがあり、クラブパスはインサイド・スクエア・インサイドになるため、打ち出しを真っすぐにしたければ、スタンスはターゲットラインに対してスクエアにしなければならない。

第2節　ユーティリティの打ち方

米国においてハイブリッドと称するウッド型タイプのユーティリティが1999年、テーラーメイドゴルフ社から「レスキュー」という商品名でデビュー。日本においても同年、キャスコ株式会社から超高張力鋼（スーパーハイテン）を使用した「パワートルネード」が注目を浴びる。でもよく調べてみると、ユーティリティが一般的でなかった1988年、横浜ゴムグループの一つである株式会社プロギアから、カーボンヘッド（通称タラコ）の「インテスト」がすでに市場に出回っていた。

過去に使ったという人もいるかと思うが、当時としては画期的なクラブであった。理由はその構造と機能にある。

ユーティリティは、ロングアイアンよりもボールを上げやすく、フェアウェイウッドよりもシャフトが短いため、打ちやすいお助けマンのクラブである。それではアイアンとフェアウェイウッドのいいとこ取りなのだろうか。

残念ながら必ずしもそうとは言えない。この話を進めるに当たり、ユーティリティの形状から見ておく必要がある。今日のユーティリティには大きく分けて、ソール幅の小さいアイアン型タイプと、ソール幅が大きいウッド型タイプの二種類に分けることができる。前者のアイアン型タイプは、ヘッドの部分にある程度の厚みがある、いわゆる「出っ歯型」のものである。殊にヘッドの部分を中空構造にしたり、ポケットキャビティにしたりしながら、一般的に難しいロングアイアンの距離を簡単に打てるように工夫を凝らしている。

後者のウッド型タイプはアイアン型タイプと異なる。どう異なるかと言えば、初めからソールを広く、かつ重心深度を深く設計してあるため、楽にボールを上げたいという人や、ロングアイアンが苦手だという人にとっては使い勝手がよいクラブである。

ウッド型タイプとアイアン型タイプの一番の違いは弾道である。ソール幅が広く重心深度が深い、ウッド型タイプはボールを上げやすいが、これに対してアイアン型タイプは、ソール幅が狭く重心深度が浅いため低く飛びやすい。そんなお助けマンのユーティリティなのだが、「打ち込む」ほうがよいのか、「払い打つ」ほうがよいのか迷う人も多いと思う。結論から言うと、どちらとも言えない。

次に、ユーティリティを選ぶに当たり、知っておくべきポイントを整理すると、次のようになる。

それはフェースプログレッション（Face Progression：FP）値と呼ぶところのもの、簡単に言うと、FP値とは「どれだけフェースがシャフトの前に出ているか」（フェースの出っ張り具合）を表した数値である。このFP値が大きい「出っ歯型」は、ユーティリティにおいてなだらかなレベルブロー（sweeping blow）でスイングしてもボールは上がるため、ボールを芝から拾いやすい。これに反してFP値の小さい「非出っ歯型」は、ボールの先を見てヘッドを入れるダウンブロー（descending blow）でスイングしなければ、低くかつ強い弾道にはならない。

結論を導き出す前に、いま一度整理しておこう。フェアウェイウッドからアイアンまで、ダウンブローの度合いで表すと、強い順から「アイアン」「アイアン型ユーティリティ」、「ウッド型ユーティリティ」「フェアウェイウッド」となる。アイアンは「ダウンブロー」、これに対してフェアウェイウッドは「レベルブロー」になる。しかし、その中間のユーティリティは、使うクラブによってダウンブローの度合いを意識したり、レベルブローの度合いを意識したりしなければならない。

それでは、ゴルファーの多くがロングアイアンを抜いてユーティリティを使う最大のメリットは何か。それはミスに対する許容範囲の広さと振り心地の良さである。

とはいえ、アイアン型タイプの場合は、ロングアイアンに比べ、ヘッドが大きくシャフト軸線からフェース面上の重心の位置までの距離、いわゆる重心距離が長いため、インパクトでフェースが閉じずにボールが右に飛び出しやすい。その欠点を補うためにセットアップでクラブをソールするときに、ボールに対してフェースを被せたり、グリップをフックグリップ（ストロンググリップ）にしたりするなどの工夫を凝らす必要がある。そう考えると、ユーティリティを自分のものにするには意外と難しいことがわかる。

ただし、フェースを被せたり、グリップをフックグリップにしたりしてもどうしてもうまく扱えないときには、道具を見直すのも一つの方法である。ユーティリティには、17～19度、20～22度、23～25度、26～29度とそれぞれロフト角が異なる種類のモデルも出ているから、たとえば、ボールが少し飛びすぎたり右に飛び出したりといった場合には、ロフト角が大きいモデルを選ぶとか、反対に左に飛び出すといった場合には少しロフト角が小さめのモデルを選ぶとかという選択もある。また、ロフト角と同じくらい重要なのがシャフトのフレックスである。柔らかすぎるシャフトの場合には、少し硬いモデルに換えることで、振り遅れのミスを防いでくれるので、試してみるのもよいだろう。

それでも、ユーティリティを上手に扱えないときには、ユーティリティをあきらめ、フェアウェイウッドの番手が少し大きめの９番ウッドを試すのも一つの選択肢である。フェアウェイウッドはユーティリティに比べ、重心が深くなったりヘッドが大きくなったりするが、その分高弾道になりキャリーで飛距離を伸ばせる利点がある。また、最新の9番ウッドはフェースの周辺を極薄に設計し、反発係数を大きく向上させることに成功している。

たとえば、ヘッドスピード40m/sのアマチュアが5番アイアンの距離でグリーンを狙うには、ユーティリティで22〜24度のロフトがないとボールを止めることが難しい。だが、ロフトの23〜26度の9番ウッドを選択すると、5番アイアンに相当するので、後は自分の飛距離を正しく把握しておけば、青木瀬令奈のようにナイスオンする確率がアップする。最新の9番ウッドにはこんなメリットもあるため、一考の余地がある。

第3節　アイアンの打ち方

近年、ロングアイアンを抜いてその代わりにユーティリティを入れる人を多く見かけるようになった。そんな時代を反映してか、ロングアイアンでタイガー・ウッズのように、風の影響を受けにくい鋭い弾道「スティンガーショット」(stinger shot) などをテーマに特集を組む雑誌が少なくなったのは寂しい限りである。ウッズは自著『ハウ・アイ・プレイ・ゴルフ』の中の第5章「ピンに向かって一直線のアイアンショット」で、アイアンというのはゴルフの中でも実にオフェンシブな武器だと述べている。[36]

日本のゴルフ教本では一般に、「スイングの基礎を固めるうえで7番アイアンが重要だ」と説く。否定はしないが、スイングの基礎を固めるには７番アイアンよりも、９番アイアンのライン出し（コントロール）ショットのほうが重要だ、と私は思う。

確かに、７番アイアンはクラブの中で中間的な長さを持つクラブだが、近年ユーティリティなどのクラブが台頭し、クラブセッティングが多様化している。中でも７番アイアンに固守するよりも、ドライバーとの比較で９番アイアンとドライバーを交互に打ち、その違いを身に付けるほうが、アイアン上達のための近道ではなかろうか。

２００７年の賞金女王に輝いた上田桃子や日米通算13勝を誇る丸山茂樹も、スイングの原点であるハーフショットを自分のものにするため、９番アイアンで徹底的に練習したと語るところを見ると、ゴルフではドライバーショット以外は、ほとんどがコントロールショットである。したがって、アイアンはボールを「遠くへ飛ばすクラブ」ではなく、「正確に運ぶクラブ」である。この節では、番手が豊富で、しかもショットのバリエーションが多いアイアンの打ち方を紹介する。

アイアンの打ち方で重要なのは、前述したように「遠くへ飛ばす」という意識から「正確に運ぶ」という意識転換である。このクラブはマン振りするためのものではない。中でもとりわけ、ショートアイアンでの「飛距離自慢」は無意味だ。

アマチュア向けのアイアンも従来の高重心のマッスルバック（muscle back）から、低重心のキャビティバック（cavity back）へと打ちやすさを求めて進化している。にもかかわらず、ボールを左右に曲げたり、高く上げたり低く出したり、スピン量をコントロールしたりする操作性に関しては相変わらず、マッスルバックのほうが優れている。この点に関してはプロのクラブセッティングを見ればわかるとおりである。

ビギナーは、スタンスの最下点で手元を先行してボールを打とうとするが、アイアンはダウンブロー（descending blow）でスイングするのが基本。しかし、最新のアマチュア向けのアイアンに関しては、低重心かつソール幅の広い深重心設計で、スイートエリアの拡大が同時に進み、ダウンブローで打たなくても、レベルブロー（sweeping blow）で十分対応できる。ドライバーだけでなく、アイアンの進化のスピードもここに来てわれわれの想像を絶するものがある。

レベルブローをマスターするには、まずダウンブローとアッパーブロー（ascending blow）を覚える必要がある。たとえば、ダウンブローの打ち方として、「アドレスでウェイト配分を左右均等にし、ボールはスタンスの中央に置く。インパクトでは左足に8割体重を乗せて、ハンドファーストでインパクトを迎える。その時頭は左に流れないようにする」とゴルフ教本では説く。確かに間違いではないが近年、人や物の動きをデジタルデータ化する「モーションキャプチャー」（motion capture）なる技術が普及し、ゴルファーの動作解析をコンピュータに取り込むことができるようになって、ゴルフレッスンもすっかり様変わりしている。

このモーションキャプチャーという技術が脚光を浴びたのは余談だが、ジェームズ・キャメロン監督による米国映画『アバター』（２００９年）以来のことである。ゴルフスイングにおいてもこの技術を応用して、アドレスからフォロースルーまでのクラブの動きと、スイングフォームを計測し、３次元的に表現することが可能になる。

その成果の一つとして、ドライバーでドローを打つには従来、「クラブをインサイドから下ろして、フェースはスクエアか、あるいは少し被った状態でインパクトすればよい」と指導した。しかし、光学式のモーションキャプチャーシステムを用いて測定する「ＧＥＡＲＳ」（ギアーズスポーツ社）からのデータを見る限り、インパクト前後におけるクラブパスがインサイド・アウトで右側に5度、ボールが当たる瞬間のフェースアングルが2度オープンになるという。要は、この時フェースアングルがクラブパスよりも閉じていれば、ドローを打つことができる。

また、アマチュアの8割近くのプレイヤーがインパクトで右足に圧力が残って、左足に圧力がかかっていないという。このデータをもう少し詳しく検討すると、プロは、アドレスでの圧力は左右均等よりも左対右が60対40になる。なぜアマチュアはインパクトで右足に圧力が残るのか。その理由としては、上半身と下半身の捻転差パワーがないまま、腰が過剰に引けて回転する「スピンアウトの罠」にはまっていると考えられるからだ。

これを避けるには、トップからの切り返しの瞬間に胸を右足方向に傾け、ラテラル・ヒップ・ムーブメント（lateral hip movement：ヒップの横方向の動き）をしながら内旋した左膝をスタンスの位置に戻す、いわゆる下半身リードの沈み込みが必要である。言い換えると、下半身リードに伴うラテラル・ヒップ・ムーブメントから、この沈み込みのカウンター動作のおかげで胸が開かず、腕は先行するが、ハーフウェイダウンまでなので、ヘッドのエネルギーをインパクト直前まで溜めておくことができる。

冷静になって考えてみればわかることだが、トップからの切り返しの瞬間に重心を下げるための下半身リードの沈み込みがなければ、インパクトで重心を上げるための胸の前屈姿勢、骨盤の後傾姿勢を取ることができないはずだ。人間は、体に重みをかける「加重」の動作を開始する直前に、その動作と逆の重みを抜く「抜重」というカウンター動作を取る。しかし、これに失敗すれば、スピンアウトの罠にはまらざるを得ない。スピンアウトの罠は、バックスイングでもダウンスイングでも起こり得るものなので、どういうタイプのゴルファーがなるかを取り上げておく。

(1) バックスイングで体を大きく回して飛ばそうとするゴルファー。このようにオーバースイングになると右骨盤が大きくスウェイすると同時に、右太腿が必要以上に外旋し、右足のつま先圧力のまま上体が起き上がる。正しくは、右足の踵内側に圧力を移動させながらトップでの手元は耳の高さ。後は反動として上がるのは構わない。

(2) 切り返しの瞬間に左足に圧力を乗せずに、右足圧力のまま肩関節だけを素早く回して打とうとするアマチュアゴルファー。正しくは、下半身をリードさせながら左足の拇指球に圧力をいったん移動させてから打たなければならない。

(3) よしんば、切り返しの瞬間に下半身をリードしたとしても、突っ込むのを嫌って必要以上にヒップだけを「く」の字に曲げて、圧力は右足のままのゴルファー。正しくは、意識して下半身リードするのではなく、胸を右足方向に傾け、ラテラル・ヒップ・ムーブメントをしながら、内旋した左膝をスタンスの位置に戻さなければ意味がない。

(4) インパクトに向けて右足圧力のまま体を回転するため、左骨盤が引けて右足の踵が必要以上に浮く癖のあるゴルファー。正しくは、右脇腹をサイドベンド（側屈）しながらお尻を後ろに突き出した、いわゆる屁っ放り腰型お辞儀をした姿勢で回転しなければならない。

(5) インパクトに向けて右膝が前に出るので、上体だけが突っ込むゴルファー。正しくは、右膝を前に出すのではなく、右足のくるぶしを内側に倒して右太腿を素早く内旋させながら左膝の方へ送り込めば、体の回転スピードが自然に上がる。

これらの癖のあるゴルファーは皆、切り返しの「間」がないので、インパクトのときにフェースがスクエアにならず、ボールの方向性と飛距離が安定しない、いわゆるスピンアウトの罠にはまっている。いずれにしても、インパクトでフェースをスクエアにするには切り返しでの「タイムラグ」（時間差）が必要だということだ。

次に、ダウンブローでスイングするにはどうしたらよいか。この問題は次の第4節「ダウンブローの打ち方」でも詳しく説明するが、ここではダウンブローで打つための条件のみを先に考察する。

これまで解明できなかったことだが、リアルタイムスイング解析器の「GEARS」（ギアーズスポーツ社）によって次のようなことが明らかになる。インサイド・アウトにクラブが入ると、最下点はボールの先になり、アウトサイド・インにクラブが入ると、最下点はボールの手前になる。ということは、アイアンでダウンブローにスイングするには、インサイド・アウトの軌道にしなければならない。

しかし、このままインサイド・アウトだとハンドファーストでスイングすることが難しいので、軌道をストレートからアウトサイド・インにするためには、インパクト以降のフォロースルーでは、左脇を空けないようにして飛球線方向の内側に振り抜かなければならない。なぜなら、アイアンの場合、ヘッドを真っすぐに出す感じだとフェースは開いて飛距離にばらつきが出るが、飛球線方向の内側に振り抜くとインパクトでロフトが立ち、番手以上の飛距離が出て、しかもスピンを効かせて止めることができるからだ。したがって、アイアンはまずボールの赤道下にヘッドを入れる打ち方になる。

アイアンはその構造上、ロフトが立った状態でインパクトしなければ思う通り飛ばず、しかもスピンがかからないのはこのためである。結局、アイアンという道具はスクーピング(scooping)するものではないにもかかわらず、相変わらず、スクーピングするゴルファーが後を絶たない。アイアンの上達のためには、絶対にスクーピングをやめなければならない。

アイアンの場合は、ハンドファーストの状態でレイトヒットしなければならない。かくして、ハンドファーストのインパクトは必ずしも手を押し出しただけのアドレスの再現ではなく、インパクトでフェースが目標方向に傾きながら、最下点がボールより先でなければならない。これらの条件を満たさなければ、ダウンブローでスイングしたことにはならない。

それゆえに、ボディターンだけで球がつかまらない人は、アームローテーションを駆使して、極端に言えば、インパクト以降のフォロースルーで左手を後ろに引くくらいの覚悟が必要だ。フォローでヘッドを真っすぐに出す感じの人には、自分が感じている以上に左手を後ろに強く引き寄せてターンさせることが重要になる。これがアイアンの特性を生かしたスイングに他ならない。結局、ダウンブローとは次のような条件が整わなければならない。

(1)　ターフを取るようなダウンブローはスイングした後の結果としての「現象」にすぎず、プロは無理に飛距離を伸ばそうとしてターフを取っているわけではない。ターフを取らざるを得ないのは、フェースにボールが当たった後に、その衝撃で一瞬ロフトが立ち、そのはずみでヘッドが沈み込むから最下点のターフが取れるだけのことだ。

(2)　その間にグリップ一個分ぐらいハンドファーストになることを考えると、リーディングエッジがまずボールの赤道下に当たらなければならない。このインパクトの衝撃でボールを芝に押し付けるため、ボールにバックスピンがかかり、フェースの中心近くまで駆け上がりながらハンドファーストで当たるので、ロフトが10度ぐらい立つ。したがって、たとえば33度の7番アイアンだと、23度の4番アイアンのロフトでインパクトしたことになる。

(3)　それによってボール初速と打ち出し角度とバックスピン量が決まり、グリーン上のピン近くに止めることが可能になる。プロの使う操作性の高い、マッスルバック型アイアンのスイートスポットの位置が高いのはそのためである。

意識してほしいのは、「手元の最下点」と「ヘッドの最下点」の到着するタイミングの違いを考えてスイングしなければならないということだ。アイアンはドライバーのように、直接スイートスポットに当てず、ハンドファーストの状態でリーディングエッジがまずボールの赤道下に当たらなければ、いつまでたってもダフり地獄から抜けきれず、ダウンブローは叶わぬ夢と散るだけである。

上半身のショルダーターンにとって必要なのは、ヘッドの走りを上手に生かしながら途中で

緩めず、お尻を後ろに突き出した、いわゆる屁っ放り腰型お辞儀をした姿勢から左ヒップを素早くターンさせることだ。

ところで、「バックスイングで右肘を支点に上げよ」というが、それがどんな意味を持つのかわからずに、私の通うゴルフスクールの先生に尋ねてみた。すると次のような答えが返ってきた。「右肘の支点をあまり意識しないほうがよい。意識しすぎるとその反動として右肩が下がって軌道が小さくなり、スイングが歪になりやすい」。したがって、先生によるとその対策としては、「ハーフウェイバックまでは右肘の角度を変えず、その後左腕が地面と平行のところで左手首のコックと右手首のヒンジが完了したら左肩関節で押し込んでトップ。後はその反動として上がるのは自然のなせる業ゆえに問題はない」と。

それでは、右脇はいかがでしょうか。「右脇は意識して締めるものではなく、下半身リードをすることで自動的に締められるからだ。いま一つ注意すべき点として、インパクトで右肘と右手首をピンと伸ばすと、例の両肩と両肘とグリップからなる3角形に近い5角形の面が崩れ、軌道が狂って加速できなくなるため、インパクト後のフォローで伸び切るのが正しい動作だ」とおっしゃる。

この議論の対象になる人はレイトコックではなく、どちらかと言えば、アーリーコックでテークバックする人である。結局、方向性と飛距離を安定させるにはトップでの上げすぎに注意しながら、インパクトで「肘を曲げたままの右腕」と、「左前腕とシャフトを一直線にせず、左肘は少し緩めながら3角形に近い5角形の面になること」が、シャフトを加速するための要件だということになる。

特にアイアンではシャフトプレーン——アドレス時にできるシャフトの傾きとその延長線上のラインが作る面——をなぞるため、左腕をシャフトの延長と考え、バックスイングでは右股関節を後ろに引くように捻じる。いわゆる右股関節を軸にしたヒップターンをしながら胸を捻じり回し、最後に左肩関節を押し込むようにする。これによって右肩全体がつり上がり、トップは完了する。

しかるに右肘を極端に絞ろうとせず、かといって右肘を浮かせたフライングエルボーにしようとせず、自然に曲げておくと脇が締まってシャフトが寝るので、エルボープレーンをなぞって、シャフトを加速させることができる。

第4節　ダウンブローの打ち方

前節の「アイアンの打ち方」では、アイアンとの関連でどうしてもダウンブローで打つための条件について述べざるを得なかったが、ここでは、ダウンブローの打ち方そのものについてあらためて説明をする。

前述したように、アイアンのダウンブローの打ち方には条件がある。すなわち、「ダウンブローはハンドファーストでヘッド・ビハインド・ザ・ボールの維持ができたかどうかにかかっている」ということだ。そのため、スタンスを決める前にヘッドの軌道をイメージして、最下点とフェースローテーションを素振りで確認しておきたい。

ダウンブローとは、英語では“descending blow”と表現し、スイングアークが最下点に達する前に、クラブヘッドがまだ下降を続ける途中でボールをとらえることを意味する。和製英語のダウンブローでは、ボールを上から叩きつけるようなイメージがあるため、ダウンブローという言葉に騙されないようにすることが大事だ。ターフを取るようなダウンブローはスイングした後の結果としての「現象」にすぎず、プロは無理に飛距離を伸ばそうとしてターフを取っているわけではない。

もう一度、ダウンブローの現象を言葉でスロー再生すれば、次のようになる。ターフを取らざるを得ないのは、フェースにボールが当たった後に、その衝撃で一瞬ロフトが立ち、そのはずみでヘッドが沈み込むからだ。その間グリップ一個分ぐらいハンドファーストになることを考えると、リーディングエッジがまずボールの赤道下に当たり、このインパクトの衝撃でボールを芝に押し付けるため、ボールにバックスピンがかかりながらフェースの中心近くまで駆け上がる。それによってボール初速と打ち出し角度とバックスピン量が決まり、狙ったところの

ピン近くにボールを止めることが可能になる。

これがダウンブローで起こるインパクトの瞬間の現象である。自分で気づかないかもしれないが、アマチュアの多くは、トップにおける右肘の位置がその都度変わりやすいので、この点を見直すだけでもスイングの再現性と安定感は頗る高まるはずだ。

私のゴルフ講座の受講生に「ダウンブローで打って」と指示すると、受講生の多くは当てに行く意識が勝り、つまりキャスティングまたはアーリーリリースしてボールの後からアップワードブローで打つか、ハンドファーストだからといって極端に手元を先行させて打とうとするかのどちらかになる人が多い。このような打ち方ではスイングアークだけが大きくなり、肝心のクラブヘッドが走らず、当たってもその都度方向性と飛距離が安定しない。

これらを改善するには、①トップからの切り返しのタイミングで手元を体に引き寄せるのではなく、いったん遠ざけるというカウンター動作ができたかどうか、②トップからの切り返しの瞬間に、右肩ではなく左肩が落ちたまま、自分の背中はまだ、ターゲットを向いているかどうか、③ハーフウェイダウンの位置に来たときに左手の甲が正面を向きながらシャフトが地面と平行、かつシャフトの延長線がターゲットライン上にあるかどうかをチェックしてほしい。

誤解を恐れずに言えば、インパクトで自分が思うよりも、ハンドファーストでボールの先を見てダウンブローで打てたかどうかということである。ちょっと難しいことだが、ハンドファーストでヘッド・ビハインド・ザ・ボールを維持することができるようになれば、①トップやダフりのミスが少なくなったり、スピンが多くなったりして飛距離をロスするスライスなどがなくなる。②バックスピンがかかり、ボールの吹き上がりを抑えてくれる。③ヘッドが低く長くインパクトゾーンを通ることで、ボールの方向性とスイング軌道が安定するなど多くの利点が得られる。

このように繰り返し言わざるを得ないのは、後でも述べるように、クラブの持っている機能を最大に引き出す打ち方なのである。

グリップエンドをつまんで吊り下げてみればわかる通り、ゴルフのクラブはグリップとヘッドの間を管状の棒（シャフト）を用いるため、野球のバットのようにグリップしている軸線上に重心や打点がない。ヘッドの重心とシャフトの重心をまとめた重心は、両重心を結ぶ線分を、重さの逆比で分けた位置にある。すなわち、ゴルフクラブの合成重心の位置はヘッドの重心寄りにあり、しかもシャフトの軸線上からずれた空間にある。この合成重心をコントロールすることで、ヘッドが走り、ボールを遠くに飛ばすことができる魔法のクラブに変わる。

とりわけ、ゴルフのヘッドにはボールを打つためのフェースが付いている。このフェースにはロフト角があり、しかもフェースがシャフトの延長線上から足のようにL字型に突き出て厚みがあるため、フェース自身がどちらかと言うと、開きやすく閉じづらい構造になっている。[37] ゴルフは手元の軌道とクラブヘッドの軌道の関係を意識しながら、合成重心クラブの特性を生かしてスイングしなければならない理由がここにある。

以上の説明からもわかる通り、意外とハンドファーストのインパクトに応えるには、難しいものがある。

インパクトは必ずしもアドレスの再現ではない。なぜなら、ヘッドの重みでシャフトが縦に撓る、いわゆるトゥダウン現象が起きて体の重心が上がると同時に、グリップの位置も高くなるからだ。もともとゴルフではグリップしたとき、左手より右手のほうが下になる分だけ、右肩が突っ込みやすい姿勢になっている。

リアルタイムスイング解析器の「GEARS」（ギアーズスポーツ社）によると、その時右肩は突っ込むのではなく、9度前後しか前に出ないほうが最適だということだ。このように回転しながら右脇腹を縮めて右肩関節を縦に使いながら、左肩関節を開かずにスイングする方法をマスターできるようになれば、ダウンブローが身に付いた証しである。

言葉で表現するには自ずと限界があるが、要は入射角の違いなので、手元を速く振ったり返したりするとか、ボールを強く叩こうとかを意識しないことだ。むしろアイアンの場合、アドレスにおけるウェイト配分は左対右を60対40にし、両肩と両腕の関節をリラックスさせて、両肘が脇腹のほうを向いていればよい。

バックスイングでは、上体をしっかり捻転――できれば左肩が右足手前まで来るぐらいしっかり捻転――させ、トップからハーフウェイダウンにかけてタメを維持する。ここから、右足のくるぶしを内側に倒して右太腿を素早く内旋させながら右膝を左膝の方へ送り込むことで、体の回転スピードが上がり、インサイド・アウトの軌道でインパクトへ向かうことができる。その後インパクトに向けてフェースの向きがスクエアになり、インパクト以降のフォロースルーでは、飛球線方向の内側に抜けた状態になる。

アイアンのダウンブローでスイングするときに絶対に必要な動作だが、残念ながら「アマチュアの５％しか実行できない」という報告もある。ダウンブローは、ゴルフスイングの中でも習得するのが一番難しい「技」である。

換言すれば、左前腕を外側に回しながら回外、他方、右前腕を内側に回しながら回内してハンドファーストの形が取れれば――いわゆるヘッド・ビハインド・ザ・ボール（head behind the ball）を維持できるようになれば――後はロフトが立った状態で黙ってでも飛んで行く。問題は距離感だけである。

前述したとおり、自分のスタンスの位置から見て楕円状のクラブヘッドの軌道と最下点の関係を考えながらインサイド・アウトにクラブが入ると、最下点はボールのところではなく、ボールの後になる。ダウンブローでスイングするにはインサイド・アウトの軌道でスイングしなければならず、しかも、インパクトに向けてフェースの向きをスクエアにするためには、インパクト以降のフォロースルーでは、左脇を空けないようにしてフェースのトゥ側が真上を向き、飛球線方向の内側に抜けた状態にしなければならない。なぜなら、アイアンの場合、ヘッドを真っすぐに出すという感じだとフェースは開くだけになるが、飛球線方向の内側に振るという感じだとインパクトでロフトが立ち、番手以上の飛距離を出せるようになるからだ。

この打ち方を忠実に実践しているのが、2020年東京オリンピックの女子ゴルフ競技で、日本人選手として初の銀メダルを獲得した稲見萌寧である。われわれは、彼女からインパクトゾーンの使い方とフォロースルーを学ぶことができる。それはほかの選手と比較すればわかることだが、インパクトとフォロースルーで左肘をちゃんとたたむことで、フィニッシュにおいて体の後方から左肘が見える。このようにフォローが正しい軌道を取ることで、打球の飛距離と方向性が頗る安定する。彼女は2021年度、国内女子パーオン率（GIR）ランキング一位（75・7688％）になっているのも「むべなるかな」と納得できる。

ダウンブローについてはこのくらいにして、最近話題のアイアンの進化についても述べてこの節を締めくくる。

確かにボールを左右に曲げたり、スピン量（アイアンの場合は番手×１０００回転、７番アイアンでは７０００回転）をコントロールしたりする操作性に関しては、プロが使っているマッスルバックアイアンのほうが優れている。しかし、最新のソール幅の広いヘッド左右慣性モーメントの大きい低重心のアマチュア向けアイアンでは、ダウンブローで打たなくても高く打ち出すことができる。10年前のキャビティバックアイアンと比べても、バックスピン量が少なくてボール初速が上がり、飛距離が出るようになった。

もともとゴルフクラブというものは合成重心のため、開閉しやすい構造になっており、このエネルギーを最大に利用できるスイング作りを何よりも優先させなければならない。だが、アマチュアはそれに逆らって手で合わせようとする。人間は、何と器用に手を使う動物なのだろうか。

そう考えてみると恐らく、スイングの誤解は「当てる」という意味の取り違いから来ている。ゴルフは意識的にボールをめがけてスクエアに当てに行く必要はなく、もっともインパクトの瞬間に神業の如く、スクエアに当てることは不可能である。あわよくば当たったとしてもボールとのコンタクトは一瞬となり、方向性や飛距離の安定感が望めない。われわれはこのことを自覚し、「当てる」という解釈をスイングという文脈でどう読み取ったらよいか、再考しなければならない。

経験則で語ることの多いダウンブローのあり方についても近年、弾道測定器や画像処理解析装置のデータに基づき判断できるようになったのは、一つの科学的進歩である。糸巻きボールが全盛期の時のように、ロフトを立てて上から潰すようなイメージは必要なく、あくまでもダウンブロー（descending blow）で打たなければならないのは同じである。ダウンブローの打ち方はコントロールショットにもアプローチショットにも通じる打ち方なので、ゴルフを続ける限り絶対に習得しなければならない課題である。

第5節　アイアンのライン出し（コントロール）ショット

アイアンの打ち方の基本について議論してきたが、この第5節ではアイアンのライン出し（コントロール）ショットについても述べておこう。

アイアンのライン出しショットとは、ターゲットラインに対して低く線を描くように真っすぐ飛ばし、スピンを効かせて止めるショットである。たとえば、グリーンまで120ヤードぐらいしか距離がないが、打ち下ろしであったり、風が強かったり、花道の左右にハザード（障害物区域）があったりして、ボールを左右に曲げたくないときに使う「技」である。使用するクラブは、ライの状態や風の強さ、ピンの位置、グリーン形状などで異なるが、自分にとって余裕のある番手を選択したい。

そのため、①スタンスは心持ち狭くかつオープンに構え、グリップをやや短く持って、手の位置は通常通りのハンドファーストで構える。②トップはスリークォーターぐらいに収め、常に体の前にクラブがあるようにする。③ダウンスイングでは手首の角度をキープしながら、入射角をフルショットよりも幾分鋭角にする。④インパクトではスクエアにボールをとらえ、フォローを低く長く出すようにする。

注意すべき点として、フォローではフェースターンせず、ピン方向に真っすぐフェースを出すようにする。これによってスピンがかかり、方向性と飛距離が安定する。要は、このライン出し（コントロール）ショットは飛ばすよりも、いかにピンをデッドに狙えるかどうかにかかっている。

たとえば、残りピンまで150ヤード地点で7番、8番のアイアンを使う際に、グリーンの傾斜や速さ、グリーン周りの状況などを捨象して言えば、ピンが奥の場合は、ピンから5メートル（5・5ヤード）ぐらい手前に止め、ピンが手前の場合は、5メートルぐらい奥に止めるのも一つのやり方である。その他の練習として、フェースを被せてあえて振り遅れてみる。言い換えれば、体が自動的に回転しているので、ハンドファーストでフェースがスクエアになり、ストレイトヒットになる。

ここまで来たら後は、自分を信じて恐れずに果敢に挑戦するしかない。プロのような方向性重視のライン出し（コントロール）ショットを身に付けてしまえば、ピンやグリーンを確実にとらえることができるようになる。

フェースを被せるという抽象的な表現をしたが、ロングアイアンでアマチュアの多くのようにスライスが出ているうちは、フェースのリーディングエッジではなく、スコアラインをスクエアに合わせて調整する。これに反してプロのようにフックが出るようになったら、フェースのスコアラインではなく、リーディングエッジをスクエアに合わせ調整する。そのうえで、インテンショナルなフックやドロー、スライスやフェードを身に付けてしまえば鬼に金棒である。

以上、アイアンのライン出し（コントロール）ショットやインテンショナルショットは、これまでも論じてきたようにスイングの基礎である。練習ではあえて芯を外す打ち方をマスターしておくべきだ。

芯を外すとは、簡単に言えば、フェース面の上下左右を使って打つこと、すなわちフェース面のトゥ側、ヒール側、中心の上側、下側、あるいはその組み合わせで打つことだ。このようにプロは、適度に打点を変える打ち方でボール初速、曲がり幅やスピン量を殺した上で、グリーンオンさせるための「技」を磨く。したがって、芯を外す打ち方は非常にデリケートなもので、スタンスにおける「ボールの位置」「グリップ」「フェースの向き」「振り幅」「テンポとリズム」「インパクトの強さ」「球筋」「距離」などを考慮し、微調整しながらグリーンオンショットを組み立てなければならない。

特にグリーンオンさせる上での攻略の基本は、グリーンを前後左右に4分割して、ミスしてもグリーンにボールが止まる確率を計算して、アグレッシブにピンを狙うことである。この「グリーンの前後左右の4分割法」には次のような法則が支配する。たとえば、日本にある2100余りのゴルフ場のうち、約85％が丘陵、山岳コースで、手前が低くて奥が高い受けグリーン形状のものが多いため、①カップの手前からは上りのライン、②カップの奥からは下りのライン、③ボールの位置がカップより右にあればフックライン、④ボール位置がカップより左にあればスライスラインとなる。

他方、米国におけるグリーンは日本と違い、手前が高く奥が低いグリーン形状のものが多いため、アプローチショットはしっかりスピンをかけなければボールは止まらない。それだけにアイアンショットの精度が求められる。

プロは一般に、グリーンオンさせるだけでは満足せず、打ってはいけないところを自分の意識から消して対応する。たとえば、グリーンオンさせる前に、グリーン周りの状況を十分に把握し、グリーン周りの外してもよい場所と絶対に外してはいけない場所を鑑みて、そこから戦略的アプローチを取る。

芯を外す打ち方を徹底的にマスターできるようになれば、ゴルフに対するアプローチそのものの考え方が大きく変わるはずだ。本来、ゴルフの醍醐味というものはここまで来ないと実感できない。

ある有名なプロが雑誌で、「以前の練習はショット8割、アプローチとパットが2割だったが、ショットゲームに時間を割き、比率はイーブンにするようになってから優勝できるようになった」と吐露したことを思い出す。平均スコア89以下の上級者をみると、ウェッジ47%、アイアン44%、ドライバー7%、パター2%の配分で練習を行っているというアンケートの調査結果もある。[38]

このようにプロでも練習の半分近くをウェッジに費やすという現実を知ることで、練習に対する対応も変わらざるを得ない。ウェッジでの練習をある程度積み重ねると、人間が本来備えている身体能力と相まって自然と身に付くものなので、心配しないで練習に励んでほしい。

コラム３

シャフトのスペックからゴルフクラブを考える

新しいクラブを購入するに当たって、「アマチュアの多くがオーバースペックになっている」と専門家は指摘する。確かに、ボールを飛ばすのは腕力ではなく、シャフトの硬さ（shaft flex）や捻じれ（shaft twist）などが相まって起こる現象だとわかっていても、なかなかそれを上手に利用できないのがアマチュアゴルファーというものだ。

ちなみに、シャフトのスペックで重要なのが「重量」「長さ」「フレックス」「トルク」「キックポイント」の五つである。当然、これらの組み合わせを議論しなければならないのが筋だが、残念ながらそんな資料を持ち合わせていないし、メーカーに聞いてもわからないという。したがって、次善の策として、シャフトの「重量」と「長さ」については、メーカーなどのカタログで確認できるので、ここでは捨象してそれ以外の三つについて考察したい。

まずは素朴な質問である。スイング中、シャフトは何回捻じれたり捻じれ戻ったりするのだろうか。ドライバーとアイアンでは異なるが、大雑把に言えば４回である。１回目はテークバックからトップまでの間で、２回目はトップからの切り返しの瞬間、３回目はインパクトの手前でヘッドがトゥダウンした瞬間、最後はフィニッシュである。ただし、シャフトが捻じれたり捻じれ戻ったりするところは一定のポイントがあるわけではなく、それぞれ移動することを前提としての話である。

この捻じれ、あるいは捻じれ戻りについては、インパクトにどのような影響を及ぼすのだろうか。興味の尽きないところだが、一般化するには難しいところもあるので、別の機会に譲るとして、次はシャフトにおけるフレックスとトルクの関係について述べる。

フレックス（Flex）とはゴルファーになじみある用語で、シャフトの硬さ（shaft flex）、すなわちシャフトの撓りやすさを示す数値である。ゴルフの場合、シャフトに重量をかけてそのたわみ量を計測する「ベンド測定法」と、シャフトのグリップ部を固定した上で1分間クラブを振動させ、その振動数を測定する「固有振動数測定法」がある。このフレックス表記の主なものを挙げれば、L（Ladies）・A（Average）・R（Regular）・SR（Stiff-Regular）・S（Stiff）・X（Extra）の順で硬くなる。

これまでの常識に従えば、ヘッドスピードが速い人には「硬め」のS、遅い人には「柔らかめ」のRを推奨していたが、どうやらここに来て正しい情報ではないらしいことがわかってきた。なぜなら、ヘッドスピードだけでフレックスが決まるわけではなく、ゴルフクラブはシャフトが回転しながら捻じれたり捻じれ戻ったり、あるいはヘッドがトゥダウンしたりするので、釣り竿の撓りのような単純な現象ではない。

ところが、ゴルフ教本では「腕やクラブをムチのように撓らせて、ボールを飛ばせ」と説くが、実際にはわれわれが考え得るほどクラブ、殊にヘッドとグリップを繋ぐシャフトが撓ったり、撓り戻ったりするわけではない。実は、デジタルカメラでスイング中のシャフトの動きを撮ってわかったことだが、センサーからデータを読み込む速度よりもシャフトの動きが速いと、センサーが画像をとらえるための時間が十分でないため、インパクトでシャフトの形が極端に撓ったり、撓り戻ったりしているように写ってしまうからだ。この映像の歪み、すなわち「ローリングシャッター現象」が誤解のもとになっている。

次に、前述のフレックスよりもシャフトに大きな影響を及ぼすのがトルクである。トルク(torque)とはシャフトの捻じれ具合を数値化したものである。具体的にはシャフトを固定した上で、ある負荷をかけたときに何度捻じれるかを測定し、その捻じれの度合いを2・0度から7・0度という数値で表記する。トルクの数値が低いほど捻じれにくく、高いほど捻じれやすい。

してみると、後者のトルクの高低は何に影響を及ぼすのだろうか。たとえば、同じフレックスのシャフトがあるとして、ゴルファーの多くはトルクの高い方を「軟らかい」と感じるらしい。どうしてかというと、トルクが高いほどシャフトが捻じれたり捻じれ戻ったりするからだ。このことから、ハーフウェイダウンからインパクトにかけてフェースが開きやすくなるので、フッカーはトルクが多め、スライサーはトルクが少なめのシャフトを選択する傾向がある。

一般的に言えば、プロや上級者のアスリートは球筋をコントロールしやすい3・0度以下の低いトルクを好み、アベレージゴルファーはミスしてもヘッドが敏感に反応しない4・0度以上の高いトルクを好む傾向がある。ただし、このトルクに関してもシャフトのフレックスと同様に、業界の統一基準はなく、メーカー独自の表記があるにすぎない。なぜ国際的な統一基準がないのか、理解に苦しむところだが、業界に聞いても統一する兆しはなさそうだ。そんな中、ダンロップ社の「インターナショナル・フレックス・コード」(International Flex Code：IFC)の発表は勇気ある決断である。

最後に問題にしたいのはキックポイント(kick point：調子)である。シャフトのスペックには、撓りの起点となるキックポイントなるものがあり、その主たるものは次の四つに分けることができる。

(1) キックポイントが「中調子」(middle kick point：中間部分)のシャフトは、先調子と元調子の中間に位置するもので、ある程度のタメが作れて安定感を求めるゴルファー向けである。

(2) キックポイントが「先調子」(low kick point：先端側)のシャフトは球が上がりやすく、

フックしやすいので、トップからの切り返しでタメの強い人や切り返しのタイミングが早いゴルファー向けである。

(3) キックポイントが「元調子」(high kick point：手元側)のシャフトは球が上がりづらく、スライスしやすいので、ある程度のヘッドスピードが求められる。そのため、トップからの切り返しの瞬間でタメを作らず、ボールをしっかり叩きに行くハードヒッター向けである。

(4) シャフトの中間部分(中調子)が硬く、先端側(先調子)と手元側(元調子)が撓る「ダブルキックポイント」のシャフトは、もともとヘッドのトゥダウンを抑えるために開発されたものである。これによってタメが作りやすくなるので、ハードヒッターにはあまりお勧めできないが、ヘッドスピードが遅く、ダウンスイング前半で左手首のコックと右手首のヒンジが解けやすいゴルファー向けである。

それでは、自分に合うシャフトを選ぶにはどうしたらよいのだろうか。日本シャフト株式会社が開発したスイング計測器のＳＰＡＳ(Swing Pattern Analyzing System)もあるが、私が注目したのは、ミズノ株式会社が世界に先駆けて開発したフィッティング計測器の「シャフトオプティマイザー３Ｄ」である。

この計測器は、①ヘッドスピード、②スイングテンポ(トップでのシャフトのたわみ量)、

③トゥダウン量（少なすぎるとヒール打点、多すぎるとトゥ打点）、④前反り角（インパクト直前にシャフトが飛球線方向に反る角度）、⑤撓り係数、⑥インパクトライ角、⑦シャフトリーン角（ハンドファースト、ハンドレイトの度合い）、⑧アタック角（ダウンブロー、レベルブロー、アッパーブローの度合い）、⑨フェース・トゥ・パスの値（この数値がマイナスならフック、プラスマイナスゼロならストレート、プラスならスライスの回転）の計九つの要素を計測することができる優れモノである。

このフィッティング計測器の「シャフトオプティマイザー3D」から自分に合うシャフトの硬さ、重さ、キックポイント、ヘッドタイプ、ネックタイプ、ライ角などの適正な値がわかるので、ゴルフのレベルに関係なく、一人ひとりに対してフィットしたスペックを選択することができる。

ただし、フィッティングの前提条件は、自分のレベルにクラブのスペックを合わせるのではなく、クラブのスペックに自分のレベルを合わせられるかどうかにかかっている。ともかく哀れなのは、「飛んで曲がらないドライバー」という宣伝文句を信じて、その都度新しいドライバーに飛びつき、裏切られるのはアマチュアゴルファーである。この際、シャフトにヘッドを組み合わせたバランスの良い、パーソナルクラブフィッティングが簡単にできるようになってほしいと願うのは、私だけではあるまい。

注

34 『ゴルフダイジェスト』（月刊誌）ゴルフダイジェスト社、２０１８年7月号.〈https://golfdigest-play.jp/_ct/17203167〉２０１８年9月5日を参照.

35 ただし、最新のドライバーに関してはヘッドの大型化、それに伴うシャフトの長尺化、クラブ重量の軽量化が進んでいるので、旧来のように必ずしも左足踵内側の延長線上にボールを置く必要がなくなったといえる.むしろそれよりもボール1個分ずつ右寄りにずらして、自分の最適な位置を決めるほうが合理的である.

36 Tiger Woods (2001) *How I Play Golf*. New York: Grand Central Publishing. 川野美佳訳（２００１）『タイガー・ウッズ――私のゴルフ論』上下、テレビ朝日事業局ソフト事業部.

37 松本協（２０２０）『ゴルフの力学――スイングは「クラブが主」「カラダは従」』三栄新書、および Michael Jacobs (2016) *Elements of the Swing: Fundamental Edition*. Scotts Valley, Calif: CreateSpace Independent Publishing Platform (On-Demand Publishing) を参照.

38 〈https://lesson.golfdigest.co.jp/lesson/survey/article/137905/1/〉２０２１年7月21日を参照.

第4章　失敗しないためのバンカー、アプローチ、パッティング

第1節　バンカーショットの基本

バンカー（bunker）とはハザード（障害物区域）の一つであり、米国ではサンドトラップ（砂の罠）というように一種のペナルティエリアである。

バンカーショット（sand shot）においてゴルフのビギナーほど、ピンを直接狙って保険をかけない人が多い。その結果、カップをオーバーさせて下りのパットを残し、寄せワンの確率を自ら少なくする。上級者は目標を手前に取り、ボールがピンそばに寄ればラッキー、オーバーしても想定内に収まるよう努める。

なぜこのような違いが起こるのだろうか。アプローチが下手な人ほどリスクマネジメントに対する意識が乏しく、がむしゃらにカップだけを狙う傾向があるからだ。そのため、かえって自分にプレッシャーをかけて、合わせに行く必要がないにもかかわらず、合わせに行き、失敗を繰り返すことになる。

ゴルフにおいて唯一、自分から進んで働きかけるようなアクティブな思考力が求められる

のがバンカーショットである。したがって、バンカーではヘッドを走らせて「ボールを打つ」のではなく、「砂ごとボールを運ぶ」という意識の転換が必要だ。バンカーショットは一般に、練習環境が身近にないため、せめてナイスアウト（well out）させて自分に自信を持たせるための方法を紹介しよう。

⑴最初にやってほしいのは、ボールがある場所のライの状態を確認し、バンカーの外で一応の素振りを済ますこと。その場合、球筋、落としどころ、そしてパッティンググリーンの硬さと速さを配慮し、どう転がるかをイメージしながら素振りをする。

⑵次にバンカーの中に入ってライの状態を再確認し、砂の量や質、砂の締まり具合、その下における土の硬さなどの微妙な状況を足の裏で確認する。もしそれに合わせてグリップ・プレッシャーも自動的に調整できるようになれば、たわいないことだが、ゴルフの世界観が広がる。

確かに、スタンスをオープン、手元をハンドダウン、そしてアウトサイド・イン、あるいはカットに振るときもあるが、バンカーにおけるノーマルショットの基本はターゲットラインに対してスクエアに構えるのが原則である。それによって「ソールの張り出している部分」（バウンス）を必要に応じて有効に使うことができる。私は神の宿るソールにそっと触れ、心の中で「頼むぞ」と唱えてからスタンスを取るようにしている。

ソール（sole）とはクラブの底を意味し、バウンス（bounce）とはそのソールを跳ね返させる役割を担う部分である。試しにシャフトを垂直にしたとき、リーディングエッジからソールの張り出しの量を示すのがバウンス角である。このバウンス角度が大きくなるに従って、リーディングエッジが地面から浮く。

(3)後はクラブを比較的短く握り、と言っても、ウィークに握ってテークバックでインサイドへ引かず、コック&ヒンジを最大限に使って通常のスイングアークより大きな振り幅で、たとえば、1メートルしか飛ばないショットができるようになれば一人前だ。

もう一度確認しておこう。「アーア」と嘆きながらバンカーの中に足を踏み入れる前に、ボールがある場所のライの状態、アゴの高さ、ピンまでの距離、グリーン上のアンジュレーションや傾斜、芝目などを目視する。そして、バンカーの外で素振りをしながらスイングアークの大きさからどの程度砂を取るかを決め、この一点だけに精神を集中させる。

バンカーに入っているボールを運ぶために守るべき基本事項は、次のとおりである。①ボールを打つのではなく、砂ごとボールを運ぶため、ボールの位置はスタンスの中央よりやや左寄りにする。②ピンが手前にあれば圧力を左にかけ、V字型（鋭角）の弧でスイングする。③ピンが奥にあれば圧力を右にかけ、U字型（鈍角）の弧でスイングする。④サンドウェッジ（SW）が有するバウンス機能を効果的に使うため手首を返さず、トップは高めに収める。⑤最後にライの状況、砂の量や質、砂の締まり具合、その下における土の硬さ、アゴの高さ、打ちたい距離などを鑑みてフェースの開き具合やボールとの距離感を決める。

にもかかわらず、いきなりハンドファーストに構え、下半身をリードさせながら手首の角度がほどけた状態で、リーディングエッジから鋭角にガツンと砂に打ち込ませようとするのが、素人のバンカーショットに対する勘違い。この打ち方では、「バンカーショットは爆発だ」にはならない。文字通り砂を爆発させるエクスプロージョン・ショット（explosion shot）とは何かを考えてみよう。

バンカーショットでは重心が高いままヒール側で打ちに行くと、最下点がずれてシャンクしやすい。そこで、重心を低くして必要に応じてフェースを開き、ロフトを寝かせた状態でバウンスを砂にぶつけて、クラブヘッドを前に滑らすことが絶対条件になる。

これによって砂の量を調整したいところだが、アマチュアはプロでもないからダフり「OK」と割り切り、バンカーからの脱出を優先させたい。この場合、フォローでフェース面を自分の方へ向けて振り抜くことができるかどうかが、バンカーショットにおける成否を握るカギになる。なぜなら、この打ち方によって球に対するスピン量が増し、止まりやすくなるからだ。

したがって、打ったら終わりではなく、フィニッシュの位置を決めてから打つようにすると失敗を防げる。このようにバンカーショットは特殊なショットなので、もう一度基本をおさらいしておこう。

(1)とりわけ、グリーン周りのガードバンカーでは、ボールの位置はスタンスの中央よりやや左寄りにセットし、ランが出ても構わなければ、ロフトを立ててハンドファーストで構える。他方、ボールを上げてスピンをかけたければ、フェースを開きロフトを寝かせてハンドレイトで構える。どちらの場合もアドレスのスタンスラインから見ると、ピンに対して真っすぐに振るのが原則である。このようにボールを高く上げたいのか、転がしたいのかによって構えそのものを調整しながら、スライススピン——ピンの左側に飛び出し、スライスがかかりながらホールカップに寄る軌道——をイメージできればよい。

念のため確認しておこう。バンカーショットの基本はボールを直接打たずに砂を爆発させることである。この爆発によってフェースとボールの間に砂が入る、いわゆるサンドペーパー効果によってボールにスピンがかかり、距離を合わせやすくなる。英語で言う"explosion shot"である。まず、転がして寄せたければハンドファーストにし、上げて寄せたければハンドレイトにして、前傾姿勢を維持したまま、距離は振り幅の大きさと砂の量で調整する。

その他、フェースを開くにしても自ずと限界があるので、その場合は右足つま先の開き具合でロフトに調整を加えるのも一つの方法である。

(2)次にピンの位置との関係から、たとえば、アゴが高いにもかかわらず、ピンが手前にある場合は、①スタンスを広めにしてオープンに構え、ボールの位置を左足踵内側の延長線上に来るようにセットする。②左対右を80対20のウェイト配分にし、フェースを開いてロフトを寝かせながらハンドレイトで構える。③手首のコック＆ヒンジを事前に完成させ、手首を返さずにスイングの軌道はV字型の鋭角に振る。④ピンが手前なら必要に応じてフリップ動作を入れて、砂が旗の方向へ飛ぶように振ればよい。

注意すべき点としてはアゴが高いからと言って、ボールを上げようとして体も起き上がると、リーディングエッジに直接当たってトップするリスクがある。ボールを上げるのはあくまでも道具である。

⑶続いてピンまでは30ヤードと遠いが、アゴが低くてボールが砂の上に綺麗に乗っている場合、①ピッチングウェッジ（ＰＷ）、９番、８番、７番アイアンのいずれかを選択し、バンカーからのランナップショットを試みる。②そのため、ボールをスタンスの中央に置いてクラブを短く持ち、ハンドファーストに構える。③両肩と両肘とグリップできる3角形に近い5角形の面をできるだけ崩さず、ボールだけをクリーンに打つ。すると、キャリーが減ってランが多くなり、バンカーからのチップショットになる。

何でもゴルフ教本通りのアウトサイド・イン、あるいはカットに振ればよいということではない。この辺がバンカーショットの難しいところなのだが、もしアウトサイド・イン、あるいはカットに振りすぎて、リーディングエッジから鋭角にガツンと砂に潜り込ませると、反対にミスの原因になることが多い。

確かに、スタンスもフェースもオープンに構えるのが基本だが、両肩だけはターゲットラインに対してスクエアにし、インパクトの形を最初から作っておくのも一つの方法だ。この構え方はダフるのでなく、ダフらせるためなので、フェースがインパクトのときにピンに対してスクエアになる分砂を爆発させてボールを飛ばせる。要するに、スタンスもフェースも開いて構えるバンカーショットでは、スタンスに沿ってスイングするだけで十分なので、これ以上カットに振りすぎるとミスの原因になる。


私が教える側に立ってわかったことだが、ゴルフがうまくなるに従って、人は両肩のラインに注意を払う。しかし、初心者の多くは無頓着。無頓着だということはそれだけ両肩に力が入りすぎて、意識が両肩に向かっていないという証拠である。当然といえば当然かもしれない。

その他、球をただ高く上げるだけではなく、プロのようにスピンをかけたければ、体とボールの距離を調整しながらフェースを目いっぱい開きロフトを寝かせて、インサイド・アウトからフェースの上を走らせる「方法」もある。さらにボールが目玉状態の場合は、フェースを閉じハンドダウンを強め両足を砂の中に埋めてグリップを短く握り、下半身の移動を極力抑えることで対応できる「技」もある。

最後に、バンカー内のライでも状態によって「左足下がり」「左足上がり」「つま先下がり」

「つま先上がり」などがあるので、これらの対応についても取り上げておこう。

⑴「左足下がり」は「左足上がり」に比べて、アマチュアが幾分苦手とするライである。ここでの失敗の原因は、ボールを無理に上げようとするところにある。「左足下がり」のライでは傾斜にもよるが、左右のウェイト配分が重要になる。この時の基準となる打ち方は、肩、腰、膝のラインを傾斜に沿って平行になるように構える。特に左膝でウェイトを受け止める感覚を持ちながら、普通のバンカーショットと同じように、オープンスタンスでフェースを開いて構える。そしてコッキングを早めにして、手首を使ってカット打ちに徹することだ。

もし傾斜がきつければ、ボールをスタンスの中央か、それよりやや右寄りにセットし、また砂が少なければ、フェースを開かずにターゲットに向けて構えて、圧力移動をせずに低く打ち込んで終わりという場合もある。でもアゴが高い場合は、打った後に意識的にフリップ動作を入れながらヘッドを目ぐらいの高さに収めると、ボールが上がりやすい。したがって、成功させるには、最初からフィニッシュの位置を決めて取り掛かるほうが合理的だ。

⑵「左足上がり」のライのバンカーショットで一番難しいのが、高いアゴの下の急な壁にボールが突き刺さっている場合だが、傾斜がそれほど厳しくなければ脱出は比較的容易なはずだ。このように傾斜がそれほど厳しくない状態ではまず、ボールを若干右に寄せてスタンスは少し広めに取る。圧力は右足にかけたままにし、上半身の回転だけで傾斜に沿って、フェース

を返さずにサンドウェッジを潜り込ませれば、ボールを高く打ち出すことができる。

これに対して、高いアゴの下の急な壁にボールが突き刺さっている場合は、①フェースを開かずにターゲットに向けて構える。②ボールはやや左足寄りにセットし、スタンスは斜面に逆らって立つ。かくして、左足圧力にして下半身を安定させ、壁に鋭角に打ち込み、フォローで左肘を後方に「抜く」と脱出は容易である。

「左足下がり」のライでも「左足上がり」のライでも問題となるのは距離感だけである。
(3)「つま先下がり」のライではボールの位置が自分より低いところにあるので、ボールの位置はスタンスの中央になる。フェースを開けば開いた分ボールが右方向に飛び出しやすくなるため、あらかじめアドレスを目標方向よりも左に向いて構える。その際スタンスを広めにして膝を曲げ、重心を落としてヘッドアップしないように振り抜くとよい。
(4)バンカーショットの中でも「つま先上がり」のライは比較的難易度が高いものだ。「つま先上がり」のライでは、体とボールの距離が短くなる分クラブを短く持つ必要がある。この場合のバンカーショットは横振りになり、ボールの位置が高いほど、トゥ側が砂の影響を受けやすい。それゆえに、目標よりも左方向に飛ぶことを考慮し、あらかじめアドレスを目標方向よりも右に向いて構える。その時フックスピン――ピンの右側に飛びフックがかかり、ホールカップに寄る軌道――をイメージできるようにしておきたい。

以上、述べたことのすべてに通じるのだが、ピンまでの距離が近ければ、①スタンスを広めにしてフェースを開き、ボールから少し離れて膝を曲げる。②腰を落とし重心を下げて、ヘッドファーストでダルマ落としのイメージで砂を厚めに取る。反対にピンまでの距離が遠ければ、①スタンスを通常に戻して近くに立ち、フェースを閉じて腰を高く保つ。②クラブの入射角を緩やかな鈍角にして砂を薄めに取る。

当然、この他にも「左足下がり」「左足上がり」「つま先下がり」「つま先上がり」の組み合わさった複合ライがあり、その組み合わせは無限である。あらためてゴルフの「技」の奥深さに惹かれる。基本は前述のとおりだが、要はバンカーから脱出すればよいので、次のような裏技もある。

⑴ラウンドではアゴが高い割に、砂が少なく下が硬い場合、ハンドファーストにしてフェースをあまり開かず、スタンスをターゲットラインに対してスクエアに構え、ヒール側から打ち込んで終わりという「技」もある。

⑵カップがバンカー寄りに切られている場合、アマチュアにはあまり勧めたくないが、通常のグリップのまま、その場で手首をこねてフェースを目いっぱい開きながらインテンショナルに打ち、フックやスライスをかける「技」もある。

⑶通常の左足圧力ではなく、右足圧力にして、シャロー気味にインサイド・アウトに振り

抜くことで、フェースコントロールだけで寄せる「技」もある。

(4)タイガー・ウッズのように、意識的にフリップ動作を入れながらボールを高く上げ、カップ近くへボール自身の重さ（自重）によって落下させたり、あるいはボールを低く打ち出しカップをオーバーさせ、そこからギュッと戻しながらカップインさせたりする「応用テクニック」も知っておくべきだ。当然、状況に応じてスピン量をいろいろ調整できなければならないので、ある程度の経験がものをいう。

プロでもサンドセーブ率（グリーンサイドのバンカーから2打以内でカップインする確率）が50％ならかなりな腕前である。ビギナーにとってバンカーショットは普段、練習環境が身近にないため、練習場ではティーアップした球をスイングするのも一つの便法である。ともかく、基本をしっかり頭に叩き込んでおき、臨機応変に対応することが成功への近道である。

ちなみに、ヘッドの底にバウンスのついたサンドウェッジという道具は1930年代、イタリア系移民の家庭に生まれた米国人ジーン・サラゼンが、英国リンクスコースのポットバンカーを攻略するために考案したものである。彼はある日、離陸すべき飛行機の機体が上昇するとき、フラップが下を向くことからソールの張り出し（バウンス）を大きくすれば、砂の中に潜ったヘッドが上に跳ね返って、ボールを高く打ち出すことができるというアイデアが突然ひらめいたらしい。

第2節　アプローチショットはまず30ヤードを基準に

よくアプローチについては、サンドウェッジ一本しか使わないと決めている人がいる。はたして、それでよいのだろうか。確かに、一本で幾通りもの打ち方をすることも大事だが、バウンスの利いた、かつロフトの寝たサンドウェッジという道具から言えば、かえってショートゲームを難しいものにする。

なぜそうなのかについては追い追い説明するとして、プロでもサンドウェッジは特殊な道具なので、たとえば今は「ロフト角52度・バウンス角11度」「ロフト角56度・バウンス角12度」「ロフト角58度・バウンス角14度」などのようなロフト角とバウンス角の組み合わせを考え、選択する時代に入っている。

アプローチを成功させる秘訣は、誤解を恐れずに言えば、アドレスをインパクトの状態にさせること。アプローチのアドレスはフルショットのアドレスと異なり、インパクトの瞬間がアドレスになる。その時スピンコントロールが必要でなければ、ダウンブローに打つのではなく、「正しくダフる」あるいは「正しく擦らせる」。このように「正しくダフる」あるいは「正しく擦らせる」とは、バンカーショットのように、「ソールの張り出している部分」（バウンス）を有効に使うということを意味する。

そのために、ボールがある場所のライの状態を見極め、ボールの近くでコントロールするための素振りにできるだけ時間を割くようにする。もちろん、素振りに際しては手を返したくないので、左肘を少し緩めながら球筋、落としどころ、そしてパッティンググリーンの硬さと速さを配慮し、成功させるには転がりをどうイメージできるかどうかにかかっている。

まずは、基準となる30ヤードのアプローチの打ち方から紹介しよう。

(1)アプローチウェッジを使うならキャリーとランの比率は1対1、サンドウェッジを使うなら2対1、ピッチングウェッジを使うなら1対2ぐらいがおよその目安、すなわちピッチ&ラン（上げて転がす）というものだ。アマチュアにとってピッチ&ランをマスターすると、アプローチの5割をカバーできるようになる。

この場合、ロフト角は44〜52度の範囲のウェッジを使い、振り幅は腰から腰を基準にする。転がすときはハンドファーストに構えてボールを右足寄りにセットし、フェースを閉じて、両肩だけはターゲットラインに対してスクエアにする。また、上げたいときはハンドファーストでもハンドレイトでもなく、その中間ぐらいを選んで、ボールは左足寄りに置く。その時フェースを開き、あえてヒール側のバウンスを地面につけて構える。このことを頭に入れておいて、後はダウンスイングでそこに戻すだけの簡単なものだ。

30ヤードの距離では、テークバックはそれほど問題にならないが、フォローでグリップの位置をどこに決めるかは重要である。ハンドファーストやハンドレイトの度合いを変えることで、フェースの開閉やロフト角を調整できるからだ。そのうえで、意識的にスピンコントロールができるようになれば、ゴルフそのものが変わる。その理由は、フェースの中央からトゥ寄りにボールを乗せ、インパクトのときのスピードよりもインパクトの抜けを利用すると、スピンコントロールを上手に使うことができるからだ。

ちなみに、プロにロフト角58度のウェッジで30ヤードのピッチ&ランをスイングしてもらった実験によると、プロの打ち出し角は35度前後、ボール初速は24m／s前後とほぼ一定、しかも、自分の振り幅の中で打ち出し角とボール初速がほぼ安定しているという。したがって、これにバックスピン量がわかれば自分のキャリーが計算できるということになる。

しかし、アマチュアの多くはロフト角58度のウェッジでは球足が弱くなり、球筋や距離をコントロールしづらくなるので、前述のようにロフト角は44〜52度の範囲のものを勧めたい。プロのようにキャリーが計算できるようになってから、58度のウェッジに変えても遅くはない。

⑵ピッチングウェッジ（48度、普通のセット物では42〜44度が多いので、アプローチショットのために、もう一本48度を入れたい）をロフト通り使うなら、キャリーとランの比率は半々ぐらいになる。振り幅は左右45度、この場合45度を指すのはシャフトではなく腕である。

その際、ボールの位置はスタンスの中央が基本だが、右にずらすこと（あるいは左足を開くこと）でランを多くすることもできるし、反対に左にずらすこと（あるいは右足を開くこと）でキャリーを出すこともできる。また、インパクトで左手の甲が前に出るほどロフトが減り、キャリーが少なくなるほどランが多くなる。したがって、左右の足の開閉と左手の甲の位置で覚えておくと便利である。

(3)サンドウェッジ（56～62度）の使用には細心の注意が必要である。サンドでクリーンヒットするとスピンがかかるので、キャリー25ヤード、ラン5ヤードぐらいのピッチショット（pitch shot：バックスピンを効かせてボールを高く上げ、グリーンに落として止めるショット）が基準となる。

特にバンカーや池越え、砲台や段差のある30～50ヤード先のグリーンなどで用いるピッチショットでは、チップショットと異なるので、ボールは左足のやや右寄りに置き、振り幅は距離によって変える。ライの状態にもよるが、右手の親指と人差し指の付け根にできる「Vゾーン」を軽く締め、スピン量をある程度一定にしながら対応できる。

チップショット（chip shot：通常20ヤード未満のグリーン周辺からボールを転がしてピンを狙うショット）とピッチショットの距離に関する区別ははっきりしていないが、ベン・ホーガンによると、グリーンから20ヤード未満の場合はチップショット、21ヤード以上はピッチショットでよいのではないか、と述べる。[39]

このピッチショットをマスターした上で、グリップ・プレッシャーを弱め、ランの多少を考慮できるようになれば、いわゆる本格的なロブショット（lob shot）も苦にならない。ロブとは日本語で「高緩球」のことを意味する。基本としてはスタンスを広くオープンにして、フェースを開きロフトを寝かせたまま手首を柔らかく、かつコックを使って振り幅を大きくすると、ボールをふわりと高く上げて止めることができる。

ロブショットでは、トップするようなミスは断じて許されないが、これまで述べた通常のアプローチショットとは異なり、フェースを開いてオープンスタンスで重心を低く構える。そのうえで、フェースターンせずに左手首を甲側に折って、フリップ動作を入れてスイングする。問題はライの状態を見極め、ボールを直接打つ意識ではなく、フェースがボールの下を潜り抜けてゆくイメージを出せるかどうかにかかっている。

どうしても方向性と飛距離を出したいときにはストレートロブ、またバンカー越えにシビアにピンが切られているときには、カットロブでスイングする「技」を身に付けておくとさまざまな場面で役に立つ。アプローチショットに関しては、引き出しをたくさん持っている人にはかなわないので、普段からバリエーションを増やすよう努めたい。タイガー・ウッズを見ると、左足下がりのライで、かつグリーンが下っている場合でも平然とインパクトし、フォローで左股関節軸を後方に倒しながらフィニッシュを取っている。

以上、30ヤードを基準に、40ヤード、50ヤードを上げて転がす距離優先のアプローチと同じように、30ヤードを基準に、40ヤード、50ヤードを上げて止める高さ優先のアプローチも自分のものにしておきたい。

ちなみに、150ヤードはパッティンググリーンに乗せるだけで満足だけど、100ヤード以内はピンの近くに寄せたい。アマチュアの場合、ある実験によると100ヤードをグリーンオンする確率は40％だという。そうならば、ただ漠然とピンに向かって打つのではなく、キャリーポイント——たとえばグリーンが受けている場合、ピンを頂点とした扇状のエリア——を決めて、それに合わせてスイングする。とりわけ、グリーンとの対応ではボールの高さをイメージして、ハンドファーストにしてロフトを立てて、バンプ＆ランショット（比較的ロフトのないクラブでグリーン手前にワンクッション入れてから転がす打ち方）を試みたい。

前述したように、アプローチで大事なのは、30ヤードを基準に、打ち出し角とボール初速とバックスピン量を常に一定にして40ヤード、50ヤードまでの距離を自分のものにしておくことが必須条件だ。中でもどれが一番難しいかと言えば、距離の短い30ヤードである。グリーン周りのこの30ヤードでは、ワンピン以内に確実に寄せなければならないので、低く打ち出しキュキュッと止める打ち方が求められるからだ。プロでもグリーンの左右、奥行きが30ヤード以下ならピンをデッドに狙わず、保険を掛ける。その点、50ヤードまでは手を返さず、体の回転と両腕でできる3角形に近い5角形の面を同調させながらしっかり振れば、スピンは自動的にかかる。したがって、キャリーだけを考え、たとえば、スピニングウェッジショットでピンをデッドに狙える。

ついでながら、ゴルフでは１００ヤード以内のショットと、パッティングのショートゲームで７割を占めるため、プロでもアプローチの練習に全体の４割を費やしている。アベレージゴルファーは、アプローチをマスターできるようになれば、目に見えてスコアがよくなる。

努力は喜びを知るためにあるのだから、努力を惜しまないことだ。シングルプレイヤーになりたければ、そのうえで、ノックダウンショット、ハイショット、ソフトショットなどをマスターしなければならない。１００を切りたかったら絶対にアプローチショットとバンカーショットの精度を上げるしかない。

偉そうなことは言えないけれども、アプローチショットとバンカーショットは「技術」であって「才能」ではないから、読者は時間を惜しまず、「技術」を磨き上げてほしい。帝王ジャック・ニクラウスでさえ、１００ヤード以内の「縦」（距離）と「横」（正確性）を正す練習にもっとも時間を割いたと述懐している。[40]

後は、自分のＰＷ、ＡＷ、ＳＷでクォータースイングからの距離を把握しておけばよい。２０１４年に日本プロゴルフ殿堂入りを果たした陳清波も「クォータースイングができない者はフルスイングもできない」[41]と説くように、細かなテクニックを練習するときは、全体をすぐに覚えようとせず、部分を体に刻み込む作業を行うのだということを自分に言い聞かせておくこと。不思議なもので、ゴルフは一つの部分を直すと、すべてがよくなる場合がある。後は各自の対応能力に時間差があるので、それまで我慢することだ。

帰するところアプローチは「転がしが基本だ」と言うように、ミスする確率を下げるランニングアプローチでは9番アイアンのキャリーとランの比率を「1対3」を基準に、ピッチングウェッジ（PW）の「1対2」、8番アイアンの「1対4」を体に覚えさせた上で、カップ周辺に止める練習が欠かせない。

また、ピッチ&ランよりも大きいスイングのピッチショット（pitch shot：バックスピンを効かせてボールを高く上げ、グリーンに落として止めるショット）では、ロフトが56～62度の範囲のウェッジを使用して、30、40、50ヤード周辺に確実に止める。これらの練習メニューのほかに、全盛期のタイガー・ウッズを彷彿させるような、下りのグリーンでバックスピンをかける打ち方もメニューに加えてほしい。

たとえば、ボールを右足に寄せれば寄せるほどハンドファーストの形になるので、入射角が自然と鋭角になり、打ち出しを低く抑えてスピンが効いたボールを打つことができるようになる。これに反して、ボールを高く上げたい場合は、インパクトゾーンでのヘッドの軌道を鈍角にさせなければならないために、ボールを左足に寄せ、クラブのロフト角通りに上がる高い球を打たなければならない。ツアープロがここぞというときに見せる高難度の「技」の一つである。できれば、スピン系ボールを用いて、スピン性能の高いウェッジで攻略したい。なお、ウェッジ（wedge）とはクラブヘッドの形が「楔」に似ていることに由来している。

最後に、ラフからのアプローチショットについてはボールの状態を次のように四つに分類し、その基本となる視点を示しておく。

(1) 沈んでいる場合——入射角を鋭角にするためボールの近くに立って、番手を上げグリップを短く持ち、ボールを右足寄りに置いて打つのが基本。ただし、普段より飛ばなくなるからフライヤーよりも距離に注意を払う必要がある。

(2) 浮いている場合——横から払うように打つのが基本だが、ダウンブロー気味に打っても構わない。なお、インパクトの瞬間にフェースとボールの間に芝が絡んでフライヤーになり、飛びすぎるリスクを織り込む必要がある。

(3) 順目の場合——できれば芝の向きにあまり逆らわず、体とクラブの距離を近づけ、ダウンブロー気味に打つのが基本。順目のラフの場合は、どんな打ち方をしてもある程度のフライヤーは避けられないので、番手を下げ、グリーンのセンター方向か安全なところを狙って打つほうが賢明だ。

(4) 逆目の場合——芝がヘッドに絡みヘッドの抜けが悪くなるので、９番アイアンよりロフト角の大きいクラブ（ＰＷ、ＡＷ、ＳＷ）を選択し、ボールを右足寄りに置いて打つのが基本。ただし、逆目でもボールが芝の上に浮いている場合は、サンドウェッジよりロフト角が立っているクラブ（ＡＷ、ＰＷ、９番アイアン）で、低く打ち出すなどの小技を駆使するほうがよい結果をもたらす。

論点を整理して言えば、距離の短いアプローチショットとバンカーショットは表裏一体の関係にある。バンカーの基本はハンドダウンにして手首のコック&ヒンジを事前に完成させ、バウンスを上手に使いながら打たなければならないが、アプローチの基本はその逆で、ハンドダウンにせず、コック&ヒンジを意図的に抑えながら体の回転と両腕でできる3角形に近い5角形を同調させながら振り抜かなければならない。

しかし、どちらにも共通して言えるのは手首をこねて当てて終わりではなく、必要以上に球を高く上げずに転がして狙うことが基本である。どういうわけか、バンカーのうまい人は、アプローチもうまいと言われる所以である。

第3節　ランニングアプローチがグリーン周りでの最大の武器

テレビ中継を見ていると、アナウンサーが「9番ホールでチップインバーディ」と声を弾ませるのを聞くことがある。チップインとは、グリーンの外からアプローチしたボールが直接カップインしたときに使う用語である。

スイングの原点であるハーフショットがボールを上げる打ち方なのに対して、ランニングアプローチがボールを転がす打ち方なのである。ランニングアプローチとは、グリーン周りからできるだけ転がしてカップインを狙うチップショット（chip shot：通常20ヤード未満のグリーン周辺からボールを転がしてピンを狙うショット）のことをいう。したがって、チッピング(chipping)とは、ピッチング(pitching)とパッティング(putting)の中間だと覚えておくとよい。

チッピングでの距離の調節は、基本的にはクラブの番手を替えて、同じ振り幅でスイングするのも一つの方法である。グリーン周りからのミスは、パッティングのミスに匹敵するくらいダメージが大きいので、状況が許す限りミスの少ないチッピングでカバーする「技」を身に付けたい。

まずは、ランニングアプローチにおけるボールの位置から吟味しよう。使用するクラブによって異なるが、打ち出しを低く抑えて転がしたいなら、私は右足のつま先を閉じてボールの近くで構える。ボールの位置は右足親指前を基本とするが、初級者のうちは自分の立ち位置、いわゆる右足はターゲットラインに対してスクエアにする、と最初に決めておくほうが簡単だ。

アプローチでのチャックリといったミスは、インパクトで左手の甲側に手首を曲げるフリップ動作によるものが多い。チャックリといったミスが多い人は、ボールを右寄りにセットするだけでも右骨盤にロックがかかり、バックスイングで骨盤が必要以上に回らなくなって、カッピング動作を抑制できる。このようなチッピングにおけるボールの位置は非常にデリケートなものなので、距離が短い場合はパターを握るように、グリップを尺屈（親指側を伸ばし小指側に曲げること）してスイングするのも一つの方法だ。

ボールの位置やグリップのほかに、もう一つ注意すべき点として、糸巻きボールが全盛期の時のように、ロフトを立てて上から潰すようなイメージは必要ない。ロフト通り構え、地面でソールを擦らしてブラッシングするような打ち方のほうがチャックリといったミスを防げる。

グリーン周りでの振り幅は時計の文字盤で例えると、テークバック8時、フォロー4時の間を目安に、各自で距離感をつかんでおくしかない。フォローの出し方は、打ったら終わりではなく、ボールを低く長く押し出すために手の位置で覚えておくほうが合理的だ。

この場合、8時を指すのはシャフトでなく腕であり、早めに手首のコック&ヒンジを入れて8時のテークバック、インパクト、4時のフォローでヘッドを無理して腕より上げないことだ。後は反動として上がるのは構わない。したがって、テークバックとフォローの振り幅が1対1という厳格な左右対称の意識はいらない。私は、スイングする前にフィニッシュの位置を決めてから取り掛かるようにしている。

現代はアイアンのストロング化が進んでいるので、メーカーごとにロフト角が異なる場合もあるが、ラウンドで活かすには、たとえば9番アイアンのキャリーとランの比率「1対3」を基準にして、ピッチングウェッジ（PW）は「1対2」、8番アイアンは「1対4」といった比率を身に付けておくと便利だ。

練習方法としては、それぞれのクラブの球が落ちるところ、つまりキャリーの飛距離のところに一つのボールを置き、それに当てるつもりで打つ。後は高さを調整しランの距離を確認する。こんなたわいもない練習でも十分な効果が得られる。

グリーンの傾斜や速さによって異なるが、一度身に付けてしまえば、再現性と安定感が高まって簡単でミスの少ないものになる。ビギナーの方はまず、最低でもピッチングウェッジ一本を自分のものにすることからチャレンジしてほしい。

前述したように、仕事は道具に任せて体への負荷を軽減させるためにも、迷ったらキャディバッグからＰＷ、９番アイアン、８番アイアンの３本引き抜き、ボールのもとに馳せ参じればよい。もっとも私の知るプロでも、本番に向けて、使用するクラブ一本に対して２００球ぐらいスイングしてから勝負に臨むという。アマチュアはいずれにしても、時間が取れずに練習不足であることは否めないが、素振りやイメージトレーニングは家でもできるはずだ。

もしグリーン周りから手を使ってカップにめがけてボールを投げるとしたら、人間は本能的にどんな球を選択するのだろうか。特別な事情がない限り、上げるのではなく、転がして安全策を取るはずだ。このようにボールを上げずに転がすことで、大きなミスにならずに済み、よしんばカップを外したとしても通ってきたラインなので、返しがわかるだけましだと割り切る。

ここでは、8番アイアンを選択したときの安全策を手短に紹介しよう。たとえば、下りのグリーンでボールがグリーンエッジから2メートル以内にある場合は、8番アイアンを選択する。①方向性重視からアップライトに振るためにはまず、ボールの近くに立つ。②次に手首の角度を変えずに体幹を使い、ヘッドを加速させないために圧力移動（pressure shift）を抑える準備をする。③そして、両腕でできる3角形に近い5角形の面をできるだけ崩さず、クラブフェースのヒール側を立ててパッティング感覚で振る。④その時グリップはパターを握るように尺屈（親指側を伸ばし小指側に曲げること）させて、フィニッシュはそのままハンドファースの状態で終える。

これに逆らって、変に手首のコックを使って鋭角に打ち込んだり、右手を使って当てに行ったりすれば、トップやダフりなどを誘発するだけでなく、出たとこ勝負にもならざるを得ない。どんなことがあっても身に付くまで我慢して、距離が出過ぎても変に調整しないことだ。この打ち方は一種の打ち下ろすディセンディング・モーション（descending motion）というものなので、トップでできた手首の角度をインパクトまで維持できなければ意味がない。一度でもすくい上げて打つことに成功すると、それが自分の身に付いてしまうので、体に馴染むまで勇気をもって頑なにこの打ち方を守ること。

その他、もしピンまでの距離が30ヤード近くなら、8番アイアンをクロスハンドで握ったり、この距離が6〜7ヤードならサンドウェッジをスプリット・ハンドで握ったり、距離をもっと出したければ圧力移動を感じ取るくらいのノンストップスインギング（nonstop swinging）というような「技」もある。

前述の基準になるような8番アイアンのキャリーとランの比率「1対４」を頭に入れておく。そして、グリーンエッジから1メートル先のところにボールを落とし、４メートルをランさせる。当然、ボールは高く上げる必要はなく、転がして寄せるだけのきわめてシンプルな方法なので、この打ち方をマスターできるようになれば、ストロークが小さく済む分ミスも少なくなり方向も狂いにくい。誰でも距離感さえ合えば、簡単に寄せることができる方法だということが実感できる（あわせて、第5章第3節「アプローチショット・ドリル」を参照）。

第4節　パットの名手はどうやって打つのか

２０１８年度、日本の男子プロで1ラウンド当たりの平均パット数が一位なのが今平周吾（平均パット数31・１９９４）である。２０２０〜２０２1年度に続き、２０２２年度、日本の女子プロで一位なのが青木瀬令奈（平均パット数28・１２０７）である。一般的に言って、スコア１００のアマチュアの場合、約４割を占めるのがパッティングである。

それゆえに、この約４割をも占めるパット数が減ればそれだけスコアはよくなるのだろうか。そんな疑問が思い浮かぶが、単純にそうとは言えないらしい。たとえば、俗にいうＯＫパット

（ワングリップＯＫ）を引くと、トッププロでもパープレイの72打のうちパット数は平均30ぐらいである。この数字は今に至っても変わっていない。

割合から見ると、プロとアマチュアの間でもそれほど差がないことがわかる。これらの議論を前提にこの節では、アマチュアにとってパットの練習のあり方をあらためて考察しよう。

パットの練習は、たとえば、テレビで松山英樹や山下美夢有を見て、一瞬の間に終わるスイングと違って確認できるので、われわれ自身にある程度のパッティングの知識とグリーンを読む力さえあれば、トッププロを参考にできる。トッププロはボール、クラブ、カップの相対的位置関係に目配りをし、自分がイメージしたパッティングライン（putting line）に向かってストロークする。その時頭は残すが、視線は残さずにボールを追う。ところが、アマチュアはボールを当てることに気を取られて視線が定まらない。

どんな時でも守ってほしいのはプレショット・ルーティンである。この決まりきった手順とは「不安を鎮めるための祈り」でもある。ゴルフをはじめた方にはぜひ身に付けてほしい行動習慣だ。

(1)グリーンに向かって歩きながら、１００ヤード以内に入ったらグリーン全体を見渡し、「一番低いところ」と「一番高いところ」を最初に確認しておく。なぜなら、この二つの地点がわかれば、全体の大まかなグリーン面の傾斜がつかめるからだ。

(2)ボールがグリーンオンしたら、カップとボールの位置関係をグリーンに上がる前にざっと読んでおき、それからグリーンに上がる。まず、ボールの後方から①カップまでの距離、②グリーンのアンジュレーション（起伏）や傾斜、③芝目、④グリーンの速さを自分なりに計算する。そのうえで、ボールの中心点Bとカップの中心点Cを底辺とする二等辺三角形の頂点Aに立ち、そこからラインの頂点――時にはカップ、時にはブレイクポイント――を読む。

時間の余裕があれば、ホールカップの傍まで行ってみる。ホールカップは常に地球に対して垂直に埋めてあるため、ホールカップの中を覗き込みグリーンの高低や芝目を判断できる。たとえば、カップ周りの一番高いところと一番低いところを見つけ、時計の文字盤をイメージして一番高いところは12時、一番低いところは6時とすると、ここがストレートラインになり、右半分はフックライン、左半分はスライスラインになる。そのうえで、カップの後方から芝目の影響を想定して左右の曲がり幅を読む。

(3)ボールのところに戻り、ボールの後方でパットのためのグリップをする。その時左右のグリップ・プレッシャーを均等にしてグリップを緩めず、かつ手首の角度を変えず、何センチか先にラインがイメージできるスパットを見つければよい。

問題は1メートル先のショートパットの場合でも、1メートル先のカップにボールを入れることよりも、目の前にあるスパットの上を通すことだけに集中する。

(4)これらの状況を頭に入れながら素振りを二、三回し、その時イメージした内容をつぶやいてみる。たとえば、「大体あの辺を狙えば、ボールはカップインするだろう」などと思わず、「クラブフェースの位置をチェックし、この角度からカップ一つ半ぐらい右のブレイクポイントに向けて、芯のヒール側で軽くストロークしてフォローを出せば、下りなので右傾斜に沿ってスライスしながらカップの左中央から入る。しかも、カップを30センチオーバーするくらいの強さでストロークすること」。これにより脳は言語中枢を使うので意思が固まり、不安やプレッシャーから解放される。

(5)アドレスではまず、パッティングラインの状況やカップ方向を斟酌しながら、目線（両目のライン）とスパットのラインを合わせ、フェースをチェックし、ボールに必要なトップスピン（順回転）とスピード感をイメージする。

たとえば、1・5メートル以内のショートパットならば、アンジュレーションや傾斜、芝目、グリーンの速さなどの要因を意識からいったん消してみる。そして、パターフェースをピンに対してスクエアに構えて、穴に埋まっているカップに入れるのではなく、地上にあるカップに当てるような感覚でストロークするほうがショートしないで済む。カップを目標とすると、どうしても入れることをイメージするからだ。

10メートルぐらいのロングパットならば、距離が出しやすいオープンスタンスで構えて、両肩のラインを目標方向に対してスクエアにし、振り子のようにストロークする。要するに、近いところから遠いところへと視線を移し、打ち出しの強さを素振りで感じを出しながらタッチを合わせることだけに集中する。

当然のことだが、ボールの勢いが弱まると傾斜の影響を受けやすいので、距離の10％ぐらいの半径1メートル以内に収まればとりあえずよいと考える。とはいえ、一割ぐらいの半径のカップだと、広すぎて目標が絞りづらくなる欠点にもなるから、そこは腹をくくるしかない。いずれにしても保険を掛けて、1メートルぐらいショートするなら、たとえ入らなくても返しのラインがわかるだけまだましだと割り切り、1メートルぐらいオーバーさせる気持ちでストロークする。

結局、このくらいのラグパット（lag putt：カップに入れることよりも寄せるためのパット）なら、ボールの転がるスピードに目を合わせるとタッチを合わせやすい。注意すべき点として、フォローがあまり大きいと距離のぶれも大きくなるので、ロングパットの距離感を出すなら歩測で足し算、引き算をしてインパクトの強さをどう調整するかが課題となる。

⑹パターを構える際にはソールして構えてもよいが、左小指に若干力を入れて地面から一度浮かし、しかも浮かしたときにソールが地面と平行になるライ角が理想だ。ストロークの基本は手首を使わず、肘と手の延長線上にシャフトがあるという感覚で構え、頸椎7番（首の付け根、両肩のセンター）を支点に振り子のように、ショルダーストロークを意識してパッティングするほうがタッチを合わせやすい。

⑺手首を支点とするタップ式と手首をロックする振り子式のストローク式についても述べ

る。まずはテークバックを大きくし、インパクトを小さく使う打ち方、すなわちインパクトの強弱で距離を打ち分けるタップ式である。この打ち方は方向性が安定するので短距離の場合はよいが、長距離の場合は左右対称のストローク式のほうがよい。そうは言っても、高速化したグリーンのラインに乗せるには、タップ式のアッパーブロー打ちを自分のものにしておきたい。

(8)アドレスに入ったとき、マレットタイプではパターのヘッドが体の正面の真下にセットするので、ボールは左目の下に置く。ピンタイプでは左太腿の内側にセットするので、ボールは左目の下よりも一個分右寄りに置く。いずれにしても、ヘッドが最下点を過ぎて加速したところでインパクトを迎え、トップスピン（順回転）をかけることができるかどうかにかかっている。アマチュアはどちらかというとダウンブロー気味に打ち、フェースの上部に当たるため、スキップがかかり転がりが悪い。

また、スライス（break to the right）をかける必要がある場合は、左足の踵内側の延長線上にボールを置き、インサイド・スクエア・インサイドの軌道でストロークする。フック（break to the left）をかける必要がある場合は、右足踵内側の延長線上にボールを置き、フェースを被らないようにするため、ゆっくりとストロークする。

もし不安感から右足圧力のままだとしたら、ボールに効果的な回転をかけることができないので、パターフェースの芯のヒール側で打ってスライスをかけるか、あるいはトゥ側で打ってフックをかけるかは、傾斜やグリーンの速さいかんによって判断するしかない。

問題は上体をリラックスさせ、下半身をどっしり構え、自分の中で距離の基準ができているかどうかにかかっている。その場合、ヒップを動かさず、「両肩」と「両肘」と「グリップ」にできる3角形の面にせよ5角形の面にせよ、肘の角度を一定にし、グリップエンドを体の重心に当たる臍下丹田と正対させたまま、頸椎7番（首の付け根、両肩のセンター）を支点に振り子のように、ショルダーストロークを心掛けることが大切だ。ただし、両肩と両肘とグリップからなる3角形に近い5角形の面は左前腕とシャフトを一直線にせず、肘は若干曲がり気味に構えるのが基本だ。

世間一般で言うように、頭は別として腰を動かすなと言うが、厳密にそんな打ち方をするプロは皆無に等しい。要は程度問題だと思うが、パッティングだけは、アマチュアでもプロを凌駕することができる。金田武明とレッスンプロの帝王ボブ・トスキ（Bob Toski）は、その著『決定版　アメリカ打法教典』の中で、「人間には出来ることと出来ないことがある」と言いながら、「ゴルファーは、狙いをしっかり見つけたら、そこに向かって真っすぐなボールをストロークすることに集中する……のがベストだ[42]」とアドバイスする。

LPGAツアーの女子選手の平均パット数で一位に何度も輝いたことのあるクリスティ・カーによれば、成功よりも失敗した場合の返しのパットもある程度想定し、オーバーしても30センチ以内で止める練習が不可欠だと言う。参考までに、「パットのオーバーする距離と成功率」の関連を解析した米国のデイブ・ペルツによると、ボールを正しく転がす装置「トルーローラー」を作り、3・6メートルの距離で7・5センチ曲がるラインでのカップインの確率を求めたところ、次のような結果になった。

たとえば、①カップのバックエッジにやっと到達した場合の成功率は8％、②5インチ超えた場合の成功率は25％、③10インチ超えた場合の成功率は50％、④17インチ超えた場合の成功率は68％であった。この調査から言えることは、パットはカップまでの距離に関係なく、カップのバックエッジを17インチオーバーさせるタッチが、もっともカップインの確立を高める。[43]あくまでもパットだけを見ての話だが、何か黄金世代で２０１９年全英女子オープンを制した渋野日向子の強気のパットを彷彿させる。

トム・モリスの嘆きではないが、彼が息子に語った言葉“Never up, never in.”（届かなければ入らない）を思い出してほしい。結局、カップのバックエッジを17インチ（43・18センチ）超えるくらいの強気でパットしなければ、カップ周りの傾斜や芝目、風などの影響を抑えることはできないということだ。

ゴルフ教本ではよく「振り幅で距離を打ち分けよ」とアドバイスするが、これを忠実に守って、どんな場合でも振り幅だけで距離感を出そうとすれば、スムーズなストロークができなくなる場合がある。パットは振り幅だけではなく、「スタンスの幅」に加えて、「打ち出しの強さ」「ボールの転がり具合」「グリップ・プレッシャー」「フェース面の使い方」なども総合的に判断したパッティング技術を身に付けなければうまくならない。

考えてみてもわかる通り、人がボールを投げるとき、腕の振り幅だけを考えて投げるのだろうか。恐らく、人間は一瞬弾道をイメージして、反射的に体全体を使って腕の振り方をコントロールしているにすぎない。

ゴルフ場に行けば、「8フィート」や「10フィート」などと書いてあるグリーンの速さを示す看板がある。これは1フィート（30・48センチ）を1単位として、スティンプメーターという計測器を使ってボールがそこから転がった距離を速さとして表示したものである。一般的に数値が7・5フィート以下なら遅く、9・5以上なら速いグリーンということになる。また、グリーンの硬さはコンパクションメーターという土壌硬度計を使って表す。一般的に数値が7・5kg／㎠以下なら軟らかいためボールが止まりやすく、9・5kg／㎠以上なら硬いためボールがよく転がりやすいグリーンということになる。

しかしながら、名門コースのグリーンに立つと、目を錯覚させるような作りになっている。繰り返しになるが、私の場合、グリーンという「ゴルフの神殿」に上がる前に、軽く礼拝しながら前述したように、グリーンの形状やカップとボールの位置関係をざっと読んでおく。この儀式の後にグリーンに厳かに上がって、グリーンの一番高いところと低いところを頭に入れる。できれば低いところから見たほうがわかりやすい。なぜグリーンに上がる前にざっと読んでおくのかと言ったら、プロのように、足の裏でもスライスラインかフックラインかを読めるならともかく、人間は無意識に重力に対して垂直に立とうとする特性があるからだ。もしそのままグリーンに上がれば、自分の立つ足元のグリーンを平らだと錯覚してしまう。

次に距離、アンジュレーションや傾斜、芝目やグリーンの速さなどの客観的な情報を考慮し、自分のボールが落下した跡の窪みを積極的に直すように心がけている。このピッチマークを直すことでグリーンの硬さを知ることができるからだ。そのうえでボールをマークして拾い上げ、ラインをイメージする。時間の余裕があれば、ホールカップの傍まで行ってみる。ホールカップは常に地球に対して垂直に埋めてあるため、ホールカップの中を覗き込みグリーンの高低や芝目を読み、カップの後方に回り左右の曲がり幅、特にスネークライン（double-breaking putt）のときは必ず確認するようにしている。

進行上、余裕のないときはボールの中心点Bとカップの中心点Cを底辺とする2等辺3角形の頂点Aに立ち、そこから高低差を見てボールの転がり具合を読む。だが、グリーンの傾斜の転がり具合を読むのは非常に難しい。同じラインでも強く打てばストレートになり、弱く打てば曲がる。したがって、傾斜はカップ付近を考えればよい。

初心者にとって、タッチが合っていないのに、ラインを気にしてもしょうがない。まずは、ラインは読むことより、乗せることを優先させたい。したがって、基本はテンポよく等速に打ち、ボールの転がりを良くするという点に尽きるので、「フック・スライス」「順目・逆目」「上り・下り」でのフェース面の使い方をマスターしておきたい。そのうえで、ボール１回転で進む距離にも意識が向かえば、一流選手の証しだ。

パットは最終的には自分流というものを確立し、芝目は傾斜に沿って影響を与えるものなので、傾斜優先で読めるか否かでパッティングの善し悪しが決まる。パッティングの大原則は変数を必要最低限にして、むやみに増やさないことだ。このことを肝に銘じておきたい。

これもゴルフ教本の弊害からかもしれないが、アマチュアの７割がパターのヘッド軌道はプロのようなインサイド・スクエア・インサイドではなく、アウトサイド・インになる。ゴルフ教本ではよく「パターヘッドは真っすぐ引け」と説くが、これを忠実に守ってどんな場合でも真っすぐ引くと、体から手が離れて脇が空き、自分は真っすぐ引いているつもりでもアウトサイドに上がることがある。最近は、超音波計測技術を応用しパッティングのスイング軌道やボールの転がり具合を解析する機器、たとえば、「パットラボ」や「ＣＡＰＴＯ」（キャプト）などが出現しているので、機器のデータと自分の感覚を擦り合わせて修正することが可能である。

それはそうと、パターの握り方には次のように五つの代表的なものがあるので、紹介しておこう。すなわち、①逆オーバーラッピンググリップ（reverse overlapping grip）、②クロスハンドグリップ（cross handed grip or left hand low grip）、③クロウグリップ（claw grip）、④アームロックグリップ（arm lock grip）、⑤プレイヤーグリップ（prayer grip）である。

よく「パットには型なし」というように、自分が気持ちよく振れ、カップインしやすい握り方がよいに決まっている。私は、オーソドックスな逆オーバーラッピンググリップである。しかし、この逆オーバーラッピンググリップは、右手が主体になったり右肩が自然に前に出たりする弊害が生じるため、練習としては時々、左手首を折らずに固定してフォローを低く長く出し、方向性を高めることができるクロスハンドグリップを試しながらパターとの一体感を養っている。

次にストロークについて要約すれば、「真っすぐ引いて真っすぐ打ち出すプッシュアウト式」と「頸椎7番（首の付け根、両肩のセンター）を支点に両肩を入れ替えるように動かすペンデュラム式」の二つに分類できる。だが、パターのタイプについてはマレットタイプ、ピンタイプ、L字タイプの3種類があり、次のような特徴がある。

(1) マレットタイプのように重心距離が短く、重心深度が深いフェースバランス型のものは真っすぐ引いて、真っすぐ打ち出すプッシュアウト式ストロークに適している。この場合のフェースローテーションは0・0〜0・3度である。

(2) ピンタイプのように重心距離が長く、重心深度が浅いトゥヒールバランス型のものは、軽いインサイド・スクエア・インサイドでフェースの開閉を怖がらず、頸椎7番を支点に両肩を入れ替えるように動かすペンデュラム式ストロークに適している。この場合のフェースローテーションは3・5〜7・5度である。

(3) L字タイプのようなトゥバランス型は、本質的にはトゥヒールバランス型のピンタイプのものと同じ、ペンデュラム式ストロークである。この場合のフェースローテーションは7・5度以上である。

共通している点は、フェースアングルはインパクトでスクエアではなく、0・2〜0・3度オープン、ロフト角は2〜4度が多い。また、マレットタイプではインパクトでハンドファーストになりシャフト角が立つため、プロはマイナスになることが多い。

以上のマレットタイプ、ピンタイプ、L字タイプの三つのパターには構造上のもつ特徴があるため、それぞれにメリット・デメリットがある。それゆえに一度、自分がどんなパターを使っているかを確認し、自分に合うパターを見つけるべきである。

練習方法としては、ストローク時のシャフトプレーン――アドレス時にできるシャフトの傾きとその延長線上のラインが作る面――とヘッド軌道を確認するために、たとえば、クラブヘッドとシャフトの重量が釣り合う点にシールを貼って、足元にアライメントスティックを置き、インサイド・スクエア・インサイドで目線とシールがスティックと重なるところでストロークしてみるとよい。パッティングストローク分析器などで調べると、アマチュアは真っすぐ引いて打っているつもりが、前述したように、実はアウトサイド・インの軌道になる場合が多い。

その他、練習方法としては、テークバックなしのフォローだけで、ボールを転がしてみるのも一つの方法である。テークバックを大きくするよりもフォローの出し方のほうを重視したい。テークバックが大きくなればなるほど、当然その分余計にコントロールをせざるを得なくなるのが道理である。

日本でも近年、米国人のマーク・スウィーニー(Mark Sweeney)がグリーンの読み方を開発したエイムポイント(aim point)が話題になったことがある。それはともかく、ラウンド前の練習グリーンに上がったとき、いきなりボールをパターで打たず、片手でボールを握って一定の距離を転がしてみる。ゴルフ場におけるグリーンとボールの転がりの関係を関連づけることで、グリーンの読み方が正しくできるはずだ。本番前のこんなこだわりがパッティングの向上に結びつく。

また、よくパットの外し方について、たとえばスライスラインのとき、カップの外側(上側)に外れることをプロサイドとか、カップの内側(下側)に外れることをアマサイドとかという言葉を耳にすることがある。確かに、下りのフックと上りのスライスは易しいが、下りのスライスと上りのフックは難しい。誰でも罠を仕掛けたグリーンに上がれば、最善の打ち方も注意深いラインの読み方も役に立たない場合がある。このことをまず心しておくべきだ。ゴルフは相手があるゲームなので、よいスコアを出すことではなく、相手に僅差で勝つことが大事だ。たとえば、

(1) 寄せワン（up-and-down）のパットなので、絶対に決めたいのか。
(2) ロングパットなので、ワンピン以内（with the-pin-length）に寄せたいのか。
(3) 「左足下がり」「左足上がり」「つま先下がり」「つま先上がり」を組み合わせた複合ラインのパットなので、迷いを消して距離感重視でストロークするのか。
(4) 勝敗を左右するクラッチパット（clutch putt）なので、プレッシャーに負けずに絶対入れるのか。

その辺の駆け引き如何によってこのように打ち方も変わる。

かつて「パット・イズ・マネー」という格言を信じていたが、どうやらここにきて怪しくなる。コロンビア大学ビジネススクールのマーク・ブローディ教授は２０１４年、ＰＧＡツアーで放たれたショットデータから1打の価値を分析し、従来のドライバーの飛距離、フェアウェイキープ率、パーオン率、パット数という指標よりも、一打一打の価値をＳＧ（Strokes Gained：稼いだ打数）という指標を用いて1打の重みを提案する。

ブローディ教授によると、競技ゴルフにおいてパッティングをどうも過大評価しているのではないかという疑問が湧き、試行錯誤しながら何度も試みているうちに、ゴルフのゲームを多段階の決定問題としてとらえることができないのかという考えに至る。そこで彼は、これらの問題を解くカギを動的計画法（dynamic programming）に求めて、グリーンに乗せるまでのショットを単に距離だけではなく、残り距離に応じた平均打数をも基準にして平均と各ショットの差を測定することで、この問題の最適解を導き出すことに成功する。

たとえば、ＰＧＡツアーでタイガー・ウッズがあるホールアウトまでの平均打数を減らした分は、次のように算出する。まず、「彼が打つ前のホールアウトまでの全体の平均打数」から「彼が打った後のホールアウトまでの彼自身の平均打数」を差し引いたもので算出する。その時この値から1（彼自身がそのショットに費やした打数）を差し引いたものが彼の稼いだ打数となる。具体的に言えば、最終18番ホール452ヤードでの1打目の「ホールアウトまでの全体の平均打数」は4・1、「ホールアウトまでのタイガー自身の平均打数」は3・0だったので、彼の稼いだ打数は0・1となる。2打目のグリーンオンまでの「全体の平均打数」は3・0、「タイガー自身の平均打数」は1・9だったので、稼いだ打数は0・1となる。3打目のパットの「全体の平均打数」は1・9、「タイガー自身の平均打数」は0・0（寄せワン）だったので、稼いだ打数は0・9となる。合計すると1ラウンド当たり1・1稼いだこととなる。

このように1ホールで稼いだ合計打数は、各ショットの稼いだ打数を足し合わせたものである。ゆえに、1ラウンドごとの成績についても1シーズンごとの成績についても測定することができる。これはほんの一例にすぎないが、全体の分析結果から言うと、トッププロのスコアの85%はグリーンに乗せるまでのショットで稼ぎ出しており、パッティングのスコアへの貢献度は15%にすぎない、とブローディ教授は結論付ける。[44] したがって、トッププロは、パープレイの72打のうちパット数は平均30になるので、パットの比重が高いように見えるが、ほとんどは短い距離のタップインなので、それ自体としては1打の価値しかないということになる。

なるほどそう考えるとプロの世界だが、もしパッティングがうまい人ならば、パッティングの練習に長い時間を費やすよりも、その時間を３００ヤード超えのティーショットの練習に割くほうがスコアを縮めることに貢献できる。このようにパッティングは、スコアを構成する一つの要素にすぎない。実際、ＰＧＡツアーの男子選手のトップ10では、ティーショットに関するＳＧＤ（Strokes Gained Driving）指標は、２００７〜２０１１年のＰＧＡツアーの平均打数は０・３から２０１９〜２０２３年には０・４５と5割増えている。

輝かしい実績を誇ったプロゴルファーが事実上引退するに当たって、「ドライバーの飛距離が落ちたのではなく、パットが思うように入らなくなった」と吐露することがある。確かに、トーナメントプロといえども、パッティング以前にティーショットで飛ばし、セカンドショットでカップ周りの360度のうち一番入るライン、たとえばピンと同じ面で、しかも順目に乗らなくなったらどうなるだろうか。本人には酷かもしれないが、グリーンの狙ったところにオンさせるべき精度が落ちたからだともいえる。それだけでパット数が多くなるのは必然である。
いずれにしても、ショートパットを外し精神的ダメージがあったり、ボールをじっと眺めるうちに視覚的疲労が起こったりした場合、ゲシュタルト崩壊（Gestaltzerfall）や、イップス（yips）[45]のような局所性ジストニア（focal dystonia）という神経疾患の一種になることもあるので、構えたらすぐストロークする習慣を身に付けたい。ショートパットが悪くなっても執着しないことが肝要だ。逆説的に言えば、局所性ジストニアに罹るゴルファーは、高いパーオン率を誇るショットメーカーに多い。それだけに、ピンの周りにオンする機会が増えれば増えるほど、外すと「悩み」は深くなりダメージを受ける。[46]
分析心理学のカール・G・ユングが言うとおり、人間は自分が意識し得る心の動きのみではなく、意識することのできない深層の心の動きにも影響される。なかんずく「悩み」は無意識に自己を正当化して助長するから厄介である。

コラム４　デビッド・レッドベターのオルタナティブ・スイング理論

このコラム４では２０１７年、ＰＧＡティーチャー・オブ・ザ・イヤーを受賞した伝説のコーチ、デビッド・レッドベター（David Leadbetter）のオルタナティブ・スイング理論を紹介しよう。

日本において一世を風靡した「ボディターン」なる言葉は、レッドベターが処女作『ゴルフスイング』（１９９０年）で述べたアスレチック・スイング（athletic swing）の概念から広まったものである。しかし、レッドベター自身は、ベン・ホーガンのように「ボディターン」という言葉を一切使っていない。彼は“pivot action”あるいは“pivot motion of the body”また文脈に応じて“turning motion of your body”あるいは“body rotation”などを使っているにすぎない。[47]

それはそうとして、レッドベターの偉大なところをあらためて考えてみよう。彼は、近代ゴルフの父と呼ばれたベン・ホーガンのアームローテーション理論を継承した上で、ボディターンなる理論を体系化することでゴルフ理論上に多大な貢献を果たす。レッドベターによると、クラブを揺らすのに必要なアームローテーションは、ダウンスイングからフォロースルーにおける一連の動作の中で、左右の腕を入れ替えさせる動作から生じたものだと言う。これによってゴルファーは左前腕を回外すると、合成重心クラブのヘッドを加速することができるようになる。

以後、ゴルファーはボディターンを正しく理解するため、ホーガンを始祖とする正統派のモダン・ゴルフ理論を学ぶことが必須となる。でも、レッドベターはその後、自ら著した『ホーガンの基礎』（２０００年）で、これまで高く評価していたベン・ホーガンのアームローテーション論に対してきわめて批判的な立場を取る。

なぜそうなったのだろうか。それはベン・ホーガンのアームローテーション論では、下半身の効果的な動き、いわゆるこの動きこそが他のあらゆる動きに勝って、クラブを正しい軌道ばかりか最高のプレーンに収めることができる動きにもかかわらず、ホーガン自身はそれを軽く扱っていたからだという。[48] しかしながら、私が調べた限り、ホーガンのスイングは、彼の『パワー・ゴルフ』（１９４８年）でも述べたように、「ヒップターンすることで、両手とクラブはトップスイングの形をそのまま維持し、ボールに向かって３～４フィート落下させる」と述べている。[49]

要するに、正しくトップの位置からいきなりボールをめがけて当てに行くと、クラブヘッドの入射角が鋭角になり、バックスピンの量が増えて、それだけボールの方向性が安定しなくなるためである。

ところで、レッドベターが２０１５年、これまでのやり方にとって代わる「Ａスイング」理論を発表したのは、われわれにとって驚きであった。このＡスイングの「Ａ」とは英語の"Alternative"の頭文字で「とって代わる」という意味である。畢竟するに、処女作『ゴルフスイング』（１９９０年）では「体の回転と腕の入れ替えの同調」を基本としたため、再現性と安定感についてはある程度成功したが、飛距離を伸ばすという点では難があった。そのために、彼はボディターン理論にとって代わる新たな理論の構築を迫られる。

彼はこの困難な課題から逃げることなく、四半世紀にわたり研鑽を積みながら「Ａスイング」という新たな理論を世に問う。[50] この「Ａスイング」理論の特徴は、シャフトは立てて上げていくスティープ（steep）なバックスイングから、トップでシャフトをターゲットラインとクロスさせ、切り返しの瞬間にループを描くようにシャロー（shallow）に動かし、ダウンスイングでオンプレーン――レッドベター自身は「Ｖプレーン」と呼ぶ――に戻すスイングに変えたところにある。

これに対して、世界中のティーチング・プロやインストラクターからさまざまな賛否の声が寄せられる。私に言わせれば、師と仰ぐベン・ホーガンのゴルフに回帰するための道だったともいえる。すなわち、インパクトの入射角を浅い角度にさせるシャローイングを取り入れることで、クラブヘッドが一番早く振れるサイクロイド曲線（最速降下曲線）に沿ったスイングができて、ボールの方向性が安定するようになったからだ。

ともすると、「理想のスイング理論」を追い求めがちな現代にあって、われわれがレッドベターから学ぶべきは、「体に優しいスイング理論」である。常にベン・ホーガンによって体系化された正統派理論の原理に立ち返りながら、それを生理学（physiology）や生体工学(biomechanics) からアプローチしようというのが彼の取り組み姿勢である。レッドベターが一貫して求めてやまなかったのは、これまでにない理想的なスイング理論を求めるのではなく、誰でも無理なくゴルフが楽しめるような、再現性と飛距離をマッチングさせた「一般理論」である。

これまでの文脈から、私自身もレッドベターを理解できなくなったこともあるが、比較ゴルフ論を展開したプロインストラクターのマイケル・ベネットとアンディ・プラマー著『スタック&チルト・スイング』[51]を読むことで、私は正統派ゴルフを理解する上でたいへん参考になった。確かに、腰、肩それぞれの重心を積み重ねたり、背骨を目標方向に傾けたりするスタック&チルト・スイングには賛否両論があるが、長身で肩関節を円軌道で回すゴルファーが壁にぶつかり、ダウンスイングを改善したければ、スタック&チルトのようなスイングは理にかなっている。

いずれにしても、レッドベターが『ゴルフスイング』（1990年）でいみじくも述べたように、犬が尻尾を振っているのであって、尻尾が犬を振っているわけではない。すなわち、犬の尻尾が動くのは、体の動きによるものである。したがって、体がクラブを振っているのであって、クラブが体を振っているわけではない。この基本原則は、新たに構築した彼の「Aスイング」理論においても真実として貫かれている。

ゴルフに関しては知れば知るほど新しい理論が、無限といってよいほどあるのは否めない事実である。技術的にも身体的にも多様なプレイヤーが存在するように、ゴルフスイングには統一した理論があるわけではない。これがゴルフ理論の一般化を難しくする要因の一つだが、いずれにしても、正統派の流れを汲む個々ばらばらのゴルフスイングの事象を体系的にまとめ、一般化させたレッドベターの業績を、私は高く評価したい。

注

39 Ben Hogan (1948) *Power Golf*. New York: A. S. Barnes. 前田俊一訳（2012）『ベン・ホーガン　パワー・ゴルフ――完璧なスウィングの秘訣はここにある』筑摩書房．その他、北代誠彌訳（1952）．
40 ジャック・ニクラウス著、ジェーエヌジェー監修（2000）『勝利の決断19条』小学館．
41 陳清波（2000）『ゴルフファンダメンタルズ』ゴルフダイジェスト社．
42 金田武明、ボブ・トスキ（2001）『決定版　アメリカ打法教典』研光新社．
43 Dave Pelz (1989) *Put Like the Pros: Dave Pelz's Scientific Way to Improving Your Stroke, Reading Greens, and Lowering Your Score*. New York: Harper & Row. 児玉光雄訳（1996）『パッティングの科学』ベースボー

ル・マガジン社．

44 詳しくは、Mark Broadie (2014) *Every Shot Counts: Using the Revolutionary Strokes Gained Approach to Improve Your Golf Performance and Strategy*. New York: Avery. 吉田晋治訳（２０１４）『ゴルフデータ革命』プレジデント社を参照．

45 イップス（yips）とは、１９３０年代に活躍したスコットランド系米国人のプロゴルファーのトミー・アーマー（Tommy Armour）が名付けたものである．

46 行動経済学のプロスペクト理論では利益を得た時の喜びと、損したときの悲しさを価値関数で表す．この価値関数を用いて同じ金額で損得の感情を比較すると、得よりも損のほうが2～3倍ダメージが大きいことを示している．ゴルフでもカップに入るよりも外すほうがダメージが大きいのも、このような人間の行動心理が関係していると言える．

47 David Leadbetter (1990) *The Golf Swing*. London: Harper Collins Publishers. 塩谷紘訳（１９９２）『ザ・アスレチック・スウィング』ゴルフダイジェスト社．

48 David Leadbetter (2000) *The Fundamentals of Hogan*. New York: Doubleday. 塩谷紘訳（２００６）『モダン・ゴルフ徹底検証』ハンディ版、ベースボール・マガジン社．

49 Ben Hogan (1948) *Power Golf*. New York: A. S. Barnes. 北代誠彌訳（１９５２）『パワー・ゴルフ』大日本雄弁会講談社．

50 David Leadbetter & Ron Kaspriske (2015) *The A Swing: The Alternative Approach to Great Golf*. New York: St. Martin's Press. レッドベターゴルフアカデミー日本校訳、石田昭啓、黒川晃監修（２０１６）『デビッド・レッドベター「Aスウィング」』ゴルフダイジェスト社．

51 Michael Bennett & Andy Plummer (2009) *The Stack and Tilt Swing: The Definitive Guide to the Swing That Is

Remaking Golf. New York: Gotham Books. マーシャ・クラッカワー訳（２０１２）『スタック＆チルト　ゴルフスウィング』ゴルフダイジェスト社.

第5章 スイングの基礎を作る四つのドリル

この章では、スイングの基礎を作る四つのドリルを紹介する。プロでも日々の練習メニューにこれらのドリルを取り込んでいるところだが、何しろ単調で退屈なものばかりである。練習とは所詮そんなものである。

ただし、一つだけ約束してほしいことがある。それは同一動作を過度に繰り返すやり方で練習を積むと、脳内の感覚運動野が興奮して神経伝達がオーバーラップしてしまう危険性があるということだ。はっきりしたことはわからないが、人間の大脳皮質には身体部位に対して感覚運動領域が規則正しく並んでいる。そこでの神経伝達が何らかの原因でオーバーラップすると大脳基底核の抑制が機能せず、突然体の一部が思い通りに動かなくなり、イップス（yips）のような局所性ジストニア（focal dystonia）を招くことがある。

人間は通常、記憶は脳の海馬の中に保存するが、海馬の入口には歯状回なるものがある。この歯状回を介して海馬内に神経細胞のルートが生まれ、それが新しい記憶そのものになることがわかっている。ところが、海馬はストレスに対して非常に脆弱なため、トラウマになるようなミスを犯したり、不安を容易に払拭できずに自分を縛りつけたりしたときには、情動・感情の中枢である扁桃体という防衛本能を司る部分に入り込んでしまう。

もし扁桃体に入り込むと、不安や恐怖に対処せよという指令を視床下部に伝え、それを受けて下垂体と副腎からホルモンが分泌する。もともとは、天敵から守るためのものだったらしいが、そこはうまくできていて、人間の脳はフィードバック機構によって不安や恐怖を制御しようとする。

このように制御できればよいが、もしその過程で扁桃体の活動を過剰にさせ、視床下部―下垂体―副腎系を暴走させたらどうなるだろうか。考えただけでも恐ろしいことだが、ここ一番で身体の震えや硬直現象を起こさないようにするには、悪い動きを覚えさせないこと、あるいは悪い影響を最小限に抑えることが先決である。

ゴルフは人生と同じように、ストレスに満ちているが、何もストレスと戦う必要はない。失敗した過去は変えられないが、自分の今に集中し、これからの努力で変えられる未来に託するしかない。


ここに掲げる四つのドリルは、脳にご褒美をやりながら「質の量」にこだわって初めて意味があるものになる。コースに出れば誰でも緊張を強いられるため、それを和らげるための練習ドリルである。したがって、このドリルは劇薬でもあって、間違えれば副作用もある。ゴルフにおいて細かなテクニックを練習する場合は、全体をすぐに覚えようとせず、全体の構造からポイントとなる要素を取り出し、練習となる補助動作を取捨選択して、部分を体に刻み込む作業を行うのだということを、自分に言い聞かせてから取り組んでほしい。

当然、練習効果を高めるには指導者の下で行うのが一番よいが、そんな環境のない人は自分の体に丁寧に手順を記憶させながら、体が正しいやり方を自然と覚えるまで、辛抱しなければならない。ゴルフはデビッド・レッドベターが言うように、再現性（repeating）と安定感（consistency）が命である。まずは、スイングの基礎を固め、練習内容を見直しながら、次の課題に果敢に挑戦してこそ、われわれは成長できる。

注意すべき点として、ゴルフにはラウンドでしか身に付かない技術や攻略もあるから、練習に完璧を求めすぎず、遊び心で6割の仕上がりでも十分だと言い聞かせ、無理せずに自分の個性も受け入れながら、オーバートレーニングにならないように励んでほしい。

以下、スイングの基礎を作る四つの主要なドリルを順次紹介する。

第1節　スプリット・ハンド・ドリル

スプリット・ハンド・ドリルとは、手首を支点に振り子の原理を応用して腕のたたみ方を学び、ボールの方向性と精度を向上させる練習ドリルである。

まず、適正な前傾角度と臍下丹田の位置をキープしながら両手を離してグリップし、いわゆるバックスイングではコック&ヒンジ、ダウンスイングではタメを維持しながら「体の回転と腕の入れ替えを同調」させてみよう。

具体的には、両手を離してグリップしている関係上、左手は小指、薬指、中指で支え、利き手の右手は薬指、中指で握って、後は残りの指をそえるだけでよい。テークバックするときは右手を引き上げ、左手を押し込みながら、最初は右腰の高さから左腰の高さまでの素振りから取り組んでみてはどうだろうか。それで腕の入れ替えがスムーズになったら、次にティーアップした球を打ってみる。後は普通のスイングをすればよいだけだが、力ではなく、振り子の原理を使わなければ、うまく振れないことが理解できるはずだ。当然、左右逆のクロスハンドでの練習も可能である。

また、バックスイングでは両手を離してグリップしている関係上、左手が下で右手は上になり、フォロースルーでは、右手が上で左手が下になる。手の入れ替えのとき、すなわち右手首を背屈（cup, cupping）、左手首を掌屈（bow, bowing）させ、左肘を支点に最下点に来たとき、左肘の向きが目標方向に向きながら外旋する。体にはちょっと厳しいが、スタンスから反対にこのフォローの姿勢を取ってみれば、ヘッドが走りインパクトで目を残す練習にもなる。

右手の力が強い人はどちらかと言えば、フォローで力が入るため、右脇が開きその分左肘を引いてダフり気味になる。しかし、このドリルを通じて右脇が勝手に締まり、左肘が地面を向き、ボールが真っすぐ飛ぶようになれば、これで左右の腕の役割が正しく機能した証しにもなる。なお、スプリット・ハンド・ドリルには次のようなメリットがあるので、具体例を交えて解説する。

(1)スプリット・ハンドでテークバックすると、クラブが上がるに従って手首のコック&ヒンジが自然に入って肩関節が回転する。その時右膝が過剰に捻じれないように我慢して左膝を内側に入れると、上半身と下半身の捻転差が生じる力強いスイングが体験できる。

(2)ヘッドを走らせる過程で起こるインパクトの瞬間だけを詳しく述べれば、まずインパクトに向けて右手が左手を追い越すアームローテーションが行われ、その後胸を回すことによってインパクト以降、クラブがさらに加速する。

この練習をマスターすることによって、ダウンスイングでクラブのタメが自動的にでき、本来のインパクトが身に付く。それゆえに、ボールをめがけて当てに行くという考えを変えさせるきっかけになる。使うクラブは何でもよく、最初はピッチングウェッジ（PW）などで、飛ばすことよりピンを狙ったアプローチショットで慣れてから、大きなクラブにチャレンジしてみるのもよい。

(3)この練習のときに手首を意識して返す必要はなく、フェースをスクエアに保ちながら方向性と距離感を優先させることだけに集中する。ただし、通常と反対の左手首が背屈、右手首が掌屈するフリップ動作の癖をつけると、フェースが意図的に開閉するので、ボールとのコンタクトは一瞬となり、方向性や距離感を望めない。

⑷肩関節の回転に必要なのはテンポとリズムである。このように肩関節の回転はテンポとリズムに従うので、途中で緩めず、リラックスした状態でクラブを振り抜くほうが小手先の技術以上に大切なことがわかる。体が「わかった」というサインを出すまで、練習を積み重ねる以外に特別な方法はないのだから、ここは我慢して身に付けるしかない。

⑸最後に、「スプリット・ハンド・ドリルを習得する上で、右前腕を回内させ、左前腕を回外させるような意識を持つ必要はない」というデビッド・レッドベターのような批判的な意見もあるが、初心者のうちはどうしても「手首をこねる」癖が抜けないため、左前腕を回外、右前腕を回内させる意識はある程度必要だ、と私は考える。

このスプリット・ハンド・ドリルをマスターできるようになれば、「コック、ヒンジ＆リリース」がスムーズになり、この後の第４節でも述べる「片手打ち」ドリルに移行しやすい点を付記しておく。

第2節　アップワードブロー防止ドリル

ビギナーの9割が「アップワードブロー」(upward blow：「あおり打ち」「すくい打ち」「しゃくり打ち」）になっているという。なぜそうなるのだろうか。この原因として、次のようなものを挙げることができる。

「ボールを上げなければ飛ばない」という認識から、右親指に力を入れ右肩が必要以上に下がった状態、しかも右足圧力で打ちに行くからである。だが、これは結果としての「現象」にすぎない。確かに最下点はずれるが、この打ち方がすべて悪いというのではなく、体が突っ込まないだけましだといえる。いずれにしても、ゴルフにおいてボールを飛ばすのは親指に力を入れて手で打ち上げる必要はなく、道具が仕事をしてくれるという真実を脳裏に焼き付けてほしい。

簡単に言えば、股関節を軸にしたヒップターンをするだけで「アップワードブロー」は防止できる。しかし、アマチュアの多くが股関節を軸にしたヒップターンの概念を勘違いしている。なぜなら、股関節を軸にしたヒップターンは本来、意識して行うものではなく、歩くが如く左右の足に圧力をかけると、自動的に行われるものだからである。

序章でも述べたとおり、日本のゴルフ教本では「腰を回す」という表現を多用しすぎる。もしわれわれが腰の主要な部分を骨盤として理解するならば、残念ながら、腰そのものは自由に回すことができない構造になっている。骨盤は股関節（hip joint）を構成する受け皿にすぎないからだ。

それはそうと、どうしてもトップで手元が肩口から外れる人は、フェースの向きに気をつけながら、クラブを上げてからショルダーターンしても構わない。この練習をある程度積めば、後は自分の最適なトップの位置が決まる。もともと、トップの位置はゴルファーの身長や腕の長さ、肩関節、股関節、膝関節の柔らかさや可動域の広さ、前傾姿勢の角度などによって異なるため、トップの位置を議論しても意味がない。

また、「右肘は、スイングの錘」というスコットランドの古諺があるように、右肘を極端に絞ろうとせず、かといって右肘を浮かせたフライングエルボーにしようとせず、緩やかなV字ぐらいの角度で地面のほうを向けば、それが錘になってダウンスイングで効率的なエルボープレーンをなぞることができる。その場合、トップからの切り返しのタイミングで下半身リードの沈み込み、顎を右に向けたまま、左股関節を左足の方へ移動させる。顎を右に向けるためには顎の引きすぎに注意を払う必要がある。

ゴルフ教本的には顎を意識すべきだが、私自身は右耳を右肩に近づけながらスイングするようにしている。そのほうが顎よりも意識しやすいし、ダウンスイングでシャフトをシャローに寝かせて右肩後方に下ろすことで、クラブヘッドが一番早く振れるサイクロイド曲線（最速降下曲線）に沿ったスイングが実現する。

ともあれ、ティーアップしてスイングする打ち方を、フェアウェイウッドでも取り入れ、練習するほうが自分の欠点がわかる。なぜなら、フェアウェイウッドで極端なアップワードブローで打つと、広いソール（底の部分）に当たり、俗に言う「チョロ」を体験することができるからだ。

ゴルフでボールを高く上げるのはインパクト時のロフト角が勝手にする仕事であって、親指に力を入れて手で打ち上げる動作はいらない。にもかかわらず、打ち上げようとする人が後を絶たない。これではインパクトゾーンに入った時のフェースローテーションが機能しない。

これに対処するために、家の中でもクラブを持たずに簡単にできる、アップワードブロー防止のためのシャドウスイング・ドリルを紹介しよう。

これは日本最強のアマチュアゴルファー中部銀次郎が日頃から取り入れていた練習方法の一つである。[52] 壁に向かって骨盤を基点にそのまま上体を前傾し、壁におでこを軽くつける。この姿勢を維持しながら次に、両手を下げてグリップの形をつくる。壁におでこをつけたとき、背筋を極端な猫背にしたり反り返ったりした姿勢にせず、自然に伸びた状態（頭は少し下がっても構わない）で臨み、下半身を使って左右の股関節をスウェイさせないようにスイングする。

これを試みればわかることだが、びっくりするほど窮屈な状態になる。

実は、これが正しいスイングの基本なのだ。最初はハーフスイングからでも構わないので、自分にとってスイングしやすい前傾角度を見つけ、手元が壁にぶつからないように振ること。どうしても窮屈な状態になる人は、右肩が前に出て横回転で振っているからだ。この振り方ではアウトサイド・インのスイング軌道になり、引っ掛けやスライスの原因になる。

何日かかってもよいから窮屈な状態から脱出できたときが、自分にとっての正しい振り方が身に付いた証しである。

せっかくこれを試したならもう一つ、今度は壁を背にしてアドレスで作った前傾角度を維持しながら左右のお尻と踵を壁につけて、トップで左のお尻が壁から離れ、インパクトにかけてそのまま後ろの壁に左のお尻が戻る動きをするドリルである。これもびっくりするほど窮屈な状態になるので、動きづらければ、左右の足の踵は若干壁から離れても構わない。

もしトップの位置で右のお尻が壁から離れるようならばヒップターン不足、インパクトにかけて左のお尻が壁に戻らないようならば、アーリー・エクステンション（early extension：インパクト前に前傾がほどけて上体が起き上がる現象）になっているなどの可能性がある。これらを積極的に改善することによってお尻が前に出なくなり、正しい左のヒップターンができるようになる。たかがこんなことかと思うかもしれないが、アップワードブローの防止のためにも、朝の数分でも構わないから是非とも壁に対して「おでこつけドリル」と「お尻つけドリル」をセットで試みたい。

たとえば、一流選手はお尻と踵が壁について、膝を曲げすぎずにボールと体の距離が一定になる。三流選手はお尻だけが壁について、ボールを正しくヒットできるかどうかの不安から膝を曲げすぎるきらいがある。どちらかと言えば、膝を深く曲げて重心を低くするよりも膝を浅く曲げて（あるいは緩めて）重心を高く維持したままのほうが、ヘッドスピードが上がり、体のぶれが少なくて済む。

われわれにとって参考になるのは、２０１６年の全米オープン選手権と２０２０年のマスターズ・トーナメントにおける優勝者のダスティン・ジョンソンや、２０１０年に女子ゴルフ世界ランキング一位に輝き、日本でも活躍している申智愛のアドレスである。

第3節　アプローチショット・ドリル

アプローチショットについては、すでに第4章第2節「アプローチショットはまず30ヤードを基準に」でも述べたが、ショットの中では重要な位置を占めるものなので、あらためてドリルとしても取り上げてみた。

ゴルフでは、ショットの7割がショートゲームで成り立つ。この場合のショートゲームとは、グリーン周りから概ね１００ヤード以内からのショットの総称であるが、ここではその基本となる50ヤード以下からのアプローチショットについて述べることとする。

アプローチショットの主なものはすでに述べたように、ランニング（転がす）、ピッチ＆ラン（上げて転がす）、ロブショット（高くふわりと上げることで止める）の三つであり、大事なのは「高さ」と「落ちてからの距離」である。したがって、ウェッジ（ＬＷ・ＳＷ・ＡＷ・ＰＷ）で球をふわりと高く上げ、球のそれ自身の重さ、すなわち自重によって落下させたり、ボールを低く打ち出してスピンをかけたり、そのうえで距離感を合わせることができるように「技」を磨くことがことのほか大事になる。ビギナーにとっては当面、58度前後のＳＷ、52度前後のＡＷ、46度前後のＰＷの使い分けができるようになると、面白いようにスコアがまとまる。

ちなみに、サンドウェッジでスイングするとき、ビギナーの多くは飛ばそうとする意識が強く働くためか、無意識のうちに体の後ろまでクラブを引こうとする。最初にマスターしてほしいのは、クラブをゆったり揺らしながら球をふんわりと高く上げるコツをつかむことだ。

したがって、アプローチショットとはグリーン周りからグリーンに球を乗せ、できればカップに寄せるショットのことである。しかし、短い距離だからやさしいかと言ったら、そうではなく、短ければ短いほどショットの精度が求められる。

たとえば、30～50ヤードのピッチショット（pitch shot）の場合は、ロフトが56～62度の範囲のウェッジを使用してボールを高く上げ、グリーンに落として止めるショットになるので、スタンスを狭くオープンに構えて下半身の圧力移動は意識しなくてもよい。ゴルフ教本では左足に体重をかけろと指示するが、すでに左足を後ろに引いた時点で左足に圧力がかかっているので、その上に左足に体重をかける必要はない。右太腿を内旋させながら右膝を左膝の方へ送り込むだけで十分である。初心者は体重を意識するとスウェイするきらいがあるから、最初は完璧を求めすぎずにこのくらいの感覚でよい。

近年は道具の進歩によるところの恩恵のほうが大きいから、自然にピボット（体の回転運動）が身に付くまで我慢して練習に取り組んでほしい。

次に身に付けてほしいのは、状況に応じた「フェースの開き具合」と「ボールの位置」である。この開き具合は時計の文字盤の12時半（15度）、1時（30度）、最大2時半（45度）を基準にする。当然、開けば開くほど飛距離が落ちるから振り幅をその分どう調整し、緩やかな入射角でフォローをどのようにとるかが課題になる。これを身に付ければ、ボールの位置を変えることで打ち分けることができる。たとえば、ボールをスタンスの中央に置けばピッチ＆ランとなり、ボールを左足寄りに置けばピッチショットとなる。そして、ボールを右足寄りに置けばランニングアプローチとなる。この三つをアプローチショットにおける基本としておきたい。

差し出がましいことを言うようだが、プロのプレイを見ると、ピッチショットやバンカーショットで意識的にハンドダウンを大きくしたり、手首をこねたりして打つ場合を見かける。でも、ビギナーはこのような芸を身に付けるのは後からでもよい。

フェースを大きく開いてショットすると、ボールはスライススピンがかかりやすくなり、グリーンに落ちてから右に転がる。もっともタイガー・ウッズのように、落ちたボールにバックスピンをかけて止めたり、戻したりするような打ち方もあるが、スピン量をコントロールすることができなければならないので、ある程度の経験を必要とする（詳しくはこの後の「〈コラム５〉タイガー・ウッズのゴルフを解剖する」を参照）。

最初に試みたいのは、ピッチショットである。時計の文字盤をイメージして腕が7時から30ヤード（個人差があるので、あくまでも目安）、8時から40ヤード（目安なので8時前後でもよく、腰から腰でもよい）、9時（目安なので9時まで上がらなくてもよい）から50ヤードの3パターンを、サンドウェッジで覚えておくと便利である。まず、押さえておきたいのは、基本になる8時から4時までの自分の距離感である。そのためには、自分の振り幅の中で「打ち出し角」と「ボール初速」が安定しなければならない。なぜなら、これに「バックスピン量」がわかれば、プロのようにキャリーが計算できるようになるからだ。

この場合、8時を指すのはシャフトでなく腕であり、早めに手首のコック＆ヒンジを入れて

8時のテークバック、インパクト、4時のフォローでヘッドを無理して腕より上げないようにする。ただし、反動として上がるのは構わない。距離感を身に付けるドリルなので、テークバックとフォローの振り幅が1対1という厳格な左右対称の意識はいらない。それよりもスイングする前にフィニッシュの位置を決めてから打つようにしたほうが合理的だ。

私が気をつけていることは、テークバックで左手の甲側をボールのほうに向けたまま右内腿を通過したときにコック&ヒンジを終了させ、その時フェースのロフト角に注意し距離を合わせることにしている。

残りは9番か8番アイアンを使ってランニングアプローチの練習である。この練習にはいろいろな方法があるが、感覚はパッティングするときと同じ要領で、ボールに近づき左脇を軽く締め、ハンドアップで構える。この感覚を習得できない人は、最初はアドレスで腕とシャフトの間にできるアームシャフト角、それに両肩と両肘とグリップからなる3角形に近い5角形の面を崩さずにヘッドを振る練習から始めればよい。

とりわけ、アプローチは「転がしが基本だ」というように、ミスする確率を下げるためには9番アイアンのキャリーとランの比率「1対3」を基準に、ピッチングウェッジ（PW）の「1対2」、8番アイアンの「1対4」を体に覚えさせた上で、3、4、5メートル周辺に止めることを練習する。

ハンドダウンで強く打つ癖のある人はクラブを短く持ってボールに近づき、ヘッドのヒール側を上げて、トゥ側を地面と接地するようなイメージで構えるとよい。なかんずく、距離の比較的短い5ヤードから10ヤード以内の場合はパター型のグリップに持ち直し、フェースのトゥ側で打つのも一つのやり方である。

当然、コントロールショットなので振り幅を調整したスイングになるのだが、スイングの途中で緩めては元も子もないということだ。グリーン周りでショートする癖のある人は特に心に刻んでおきたい。スイング中、両腕でできる3角形に近い5角形の面の維持は、実はボールと体の距離を一定にする上でも必須条件である。

ゴルフスクールでの十数年間、私は練習の４割をこのアプローチショットに費やした。この練習メニューをこなせれば、グリーン周りのショットに自信がつき、誰でも安定して１００を簡単に切れるようになる。そのうえで、パッティングの練習が加わると万全だ。

アプローチショットでは、狙ったキャリーポイント――たとえばグリーンが受けている場合にはピンを頂点とした扇状のエリア――に落とせる空間認識能力を身に付けることが上達への近道だ。とはいえ、難易度の高いコースに出てグリーンと対峙した場合、状況が刻一刻と変化する。このような状況では、ボールの転がり具合を見分けるのが一番難しいところである。ラウンドでしか身に付かない技術や攻略もあるため、時には自然に身を委ね、後は甘えるだけの覚悟も必要だ。

アマチュアは一般に、スコア100切りを達成できる人は3割にすぎない。それが90切りになると話は別だ。公益社団法人日本パブリックゴルフ協会が2012年に実施した「ゴルファー動態調査」によれば、ゴルフ歴5年未満で達成できた人は4・6％、10年未満で達成できた人は6・4％と非常に厳しい世界だという。[53]

結局、上達するためには正しい方法を身に付け、究極は一本のクラブで幾通りもの打ち方ができなければプロになれない。それゆえに、客観的に見つめるもう一人の自分を味方につけて経験値を増やし、攻略性を高めるほかない。ゴルフは「3秒ドラマの積み重ねだ」と言うとおり、悩んで上達するスポーツではない。

第4節　片手（右手一本・左手一本）打ちドリル

片手打ちドリルは「ゴルフ練習ドリル」の総仕上げに当たるドリルである。究極は、左手一本で自由自在にボールを操れるようになったら、正しい手元の軌道とクラブヘッドの軌道の関係を習得したことになる。

本来、右手は方向性を司り、左手は飛距離を生み出すものである。したがって、このドリルの本質は手打ちでボールを遠くへ飛ばすことではなく、片手主体でフェースの開閉運動を通じて、球筋をコントロールし、狙った30ヤードや50ヤード、１００ヤード地点に正しく運ぶためのドリルである。

サンドウェッジ、ドライバーその他何でも構わないが、初心者はいきなり重いクラブや長いクラブで取り組んでも成功がおぼつかない。とりあえず、９番か８番アイアンでティーアップした球を打つことから始めてみてはどうだろうか。そうは言っても、トップから親指に力を入れて手で打ち上げる打ち方では、筋肉を硬直させ、スイングにブレーキをかけるだけでなく、ヘッドが垂れてしまう。

両手の場合は、右手は主に薬指と中指で握り、左手は主に小指、薬指、中指の３本で支えるが、右手一本打ちドリルの場合は薬指、中指、人差し指で握って親指と人差し指の付け根にできるVゾーンを軽く締める。左手一本の場合は小指、薬指、中指で支え、シャフトの一番端である小指側を支点にすると操作しやすい。いずれにしても、親指の収め方には正解がないから各自で一工夫する必要がある。

まずは、ショートアイアンでグリップが腰から腰、肩から肩までの左右対称に振ることから始めてみるのも手だ。その時ハンドファーストで構え、右手首の角度を一定にして、インパクトまではヘッド・ビハインド・ザ・ボールを維持しながらダウンブローに入れる。

ボールを打つ際に右サイドがどんな役割を果たすかを学ぶドリルなので、最初のうちは左手で右の上腕を軽く押さえ、右肘を先行させながら体の脇腹の前方に下ろしてみたらどうだろうか。すると右肩の残す意味、いわゆる右肩が突っ込まずにヘッドを走らすという意味が理解できるようになる。

次に、フェースの向きは自分のグリップと連動するので、アウトサイドにクラブを上げ、切り返しのタイミングで右肘を極端に絞ろうとせず、かといって右肘を浮かせたフライングエルボーにしようとせず、緩やかなV字ぐらいの角度で脇腹の前方に下ろすと、効率的なエルボープレーンをなぞることができる。もしクラブを立てた状態で腰まで落とすと、ヘッドが高い位置から開いた状態になり、振り遅れが生じる。

その際に大事なのは体から遠い手首でなく、体に近い右肘の使い方に注目することで、スイングに乗せるという意味と同時に、右肘の使い方が理解できる。右肘の関節を柔らかくして可動域を広く使うことで、右肩関節が伸びて理想とする鞭のような機能を果たす。結局、片手打ちではシャフトの軌道とクラブヘッドの軌道の関係を意識し、積極的に下半身リードを使えれば、ボールを上手に打つことが体験できる。

絶対に身に付けてほしいのは次の二つである。一つは、シャフトを加速させるために、上半身では「右肘」を曲げてエルボープレーンに乗せれるようにすること、いま一つは、これとは対称になる下半身リードでは「左膝」の使い方である。バックスイングで左膝を内旋させ、今度はトップから切り返しの瞬間に起こる下半身リードの沈み込みで、胸を右足方向に傾け、ラテラル・ヒップ・ムーブメント（lateral hip movement：ヒップの横方向の動き）をしながら左膝をスタンスの位置に戻すようにすること。要は、下半身の「左膝」と上半身の「右肘」の関係を習得することでトップからの切り返しの「間」が理解できる。

したがって、速くボールに当てたいために体を突っ込んだり、飛ばそうとして右手を強く握ったりしたままボールに当てに行くという動作は、絶対やってはいけないことがわかる。ここでは「当てに行く」という人間の本能が、飛ばすというゴルフ本来のスイングを邪魔していることに気づかなければならない。

とりわけ、「当てに行く」のではなく、「クラブに振られる」のが実感できれば、片手打ちドリルの目的を半ば達成したことになる。しかし、右手を強く使いすぎる人は一般に、シャフトが立ち、スイング軌道がアウトサイド・インになったり、左手の分まで補おうとして右手をこねたりする癖がつくため、直すにはそれなりの時間がかかる。

この問題を解決するのが左手一本打ちドリルである。だが、左手一本はさらに難しく、右手中心にゴルフをするような人はまともにボールに当たらない。

もともと左手一本打ちはクラブを重く感じるため、グリップが体から離れたり体の幅から出たりする。したがって、無理に手を使って当てに行かずに、インパクトまではヘッド・ビハインド・ザ・ボールを維持しながら体の回転を優先させれば、フェースは自然に閉じるはずだ。

そのためには一工夫を凝らす必要がある。左手を引き上げるタイミングである。これができるようになれば、ヘッド・ビハインド・ザ・ボールを維持できる。

やり方はいたってシンプルである。左手一本でクラブを持ってスイングするだけだが、これが素人には一番難しい。まず何といっても左手一本でグリップを短く持ちながら9番アイアンではハンドファーストで構える。その後左肩と手首を支点とした2重振り子の原理を応用しての押し込みをするため、「前傾角度の維持」「重心に当たる臍下丹田」「手首のコック」を意識しながら腕を9時ぐらいまで上げる。それ以上は肘が曲がるので、そこからサムダウンしながら左腕の肘から手首までの前腕を捻じりながら引いて打ってみてはどうだろうか。右手一本と異なり、左手一本で構えたときのグリップの位置を通ると、インパクトゾーンが低く長く感じるはずだ。

左手一本ドリルのメリットとしては、インパクトゾーンの時間を体験できるところにある。結局、インパクトでクラブフェースが目標を向いている時間が長くなればなるほど、ボールに適正なスピンがかかり、狙った方向に真っすぐ、しかも番手通りの飛距離を出せるようになる。

やってはいけない動作は、圧力移動を大きくしながら手首や肘を自由に曲げたり、左手だけでインサイドにひょいと振り上げたりして無理に「当てに行く」動作である。これでは肝心の左脇が開くと同時に、胸の開きも早くなり、ヘッドが垂れた状態になるため、スイングアークの最下点がずれてしまう。

このようなことに気をつけながら、最初は９番アイアンを左手一本で持って鋭角に打ってみる。このダウンブロー気味のタイミングに慣れると、左手本来の軌道がつかめて頭を残せるようになる。もし９番アイアンが重ければ、７番アイアンを短く持っても構わない。慣れてきたら肩口あたりのトップから手元を右太腿の前の方向に引きつけ、左肘から手首にかけて回外（スピネーション）させながら、左脇を締めると自然にハンドファーストでボディターンすることができるようになる。ただし、手元が右太腿の前と言っても、あまり近すぎると体が起き上がったり、インパクトで詰まったりする原因になるので、自分の最適な位置を確認する必要がある。

この場合、左手首だけを無理に回外しようとすると、どうしても左手首を固めざるを得なくなる。もし本当に左手首を固めると、筋肉が硬直してスムーズにコントロールすることができなくなるので、左腕の肘から手首までの前腕を捻じりながら引いて手のひら側に折る、あるいはそれほど折れずにフラットリストのままでも構わない。

いずれにしても、右手一本の場合と異なり、左手一本の場合は左肘が伸び切るので、左肩と左手首を支点とした２重振り子の原理を応用しながら、フェース面を意識してインパクトすることが大事だ。その時に注意すべき点としてインパクトの後、左腕とクラブにできる一本のラインを保ったまま左肘が体から離れるのはよいが、インパクトに向けて上体が起き上がったり、左肘を後ろに引いたりしないようにすることだ。
この左手一本ドリルは稲見萌寧がずっと続けてきたドリルであることでも有名だ。２０２０年東京オリンピックの女子ゴルフ競技で、日本人選手として初の銀メダルを獲得したのもこのドリルのたまものである。

以上、スイングの基礎を作る四つのドリルを紹介したが、何しろ特効薬がないので、単調で退屈なものばかりである。繰り返して習う練習とは所詮そんなものだ。
初心者には時々、左脇にヘッドカバーを挟み、布団たたきの要領でしっかりインパクトバックを叩く練習も加えてほしい。この動作は叩くことが目的ではなく、叩いた後、体幹を駆使してヘッドをねじ込むと同時に、自分の頭の位置や手首の角度がどうなっているかを確認することで、本来のインパクトゾーンでの動作を確立することができる。

まとめるに当たって、一言付け加えておく。われわれはこれまでの経験からゴルフを習得する中で、必ず停滞したり進捗したりを繰り返すことに遭遇する。畢竟、最初は長い停滞期が続くかもしれないが、ある時点で飛躍的な成果が現れるときがある。英語では停滞状態が練習曲線において横ばいとして現れることを英語でプラトー（plateau：高原）と表現する。そのためには、目標を定めて根気よく練習し続けてこそ、プラトー状態をブレイクスルーすることができ、次の大きな飛躍につながる。

ジャック・ニクラウスは正統派ゴルフの「ボディターン」を否定しなかったものの、正統派ゴルフを万人のための理想のスタイルではないと批判した上で、手のひらの血豆が破れるほどボールを打ち続けるオーバートレーニングを極端に忌避し、それよりも目標を持って練習しなければ時間の無駄だと語る[54]。

結局、努力が成果をもたらすのではなく、成果の出し方を努力しなければならない。ゴルフを難しくしているのは自分自身であって、スイングの基礎はいたってシンプルなものだ。しかし、それを身に付けるとなると話は別だ。基本だけに、それをきちんと身に付けるには、ゴルフに対する前向きな態度と理解力がなければ、体が「わかった」とサインを出してくれない。

ゴルフを学ぶ上での問題だが、練習と実戦は不即不離の関係にある。とはいうものの、練習とは繰り返して習うことだが、問題なのは練習にはゴールがないということだ。したがって、練習場でボールを多く打つだけが練習ではなく、ワンショットしか打たない日があってもよい。自分に自信が持てるまで待ち、よいイメージが湧いてきて自然に体が反応できるようになったときに、クラブを持って打つくらいの勇気が不可欠だ。トレーニングは、体への負荷と回復がセットで意味があると理解することが大事だ。

一方、実戦とはあるルールの下で相手と実際に戦うことなので、そこにはおのずとゴールがあるから勝負せざるを得ない。これに対して練習ではゴールがないから完璧を求めすぎないようにすべきだ。悲しいかな練習では「うまさ」は培えても、勝つことへのこだわり、「勝負心」は養えない。

コラム５

タイガー・ウッズのゴルフを解剖する

ゴルフの世界で、生涯にわたって四大メジャー選手権（全英オープン選手権、全米オープン選手権、全米プロゴルフ選手権、マスターズ・トーナメント）にすべて勝つことをキャリア・グランドスラムという。過去にこのグランドスラムを達成したプレイヤーは５人、ジーン・サラゼン、ベン・ホーガン、ゲーリー・プレーヤー、ジャック・ニクラウス、タイガー・ウッズという錚々たる顔ぶれだ。

このうち、最高のゴルファーは誰かと問われれば、私はタイガー・ウッズを推したい。帝王と称されたニクラウスが38歳までかかった前人未踏のキャリア・トリプル・グランドスラムの大記録を、タイガーが32歳の若さで達成したからである。

ゴルフとは人が自ら乗り越えようと知恵を絞るに値するゲームであり、だからこそ、あれだけのスキャンダルを流しながらもタイガーもゴルフに生涯をかける想いになったのだろう。現代のゴルファーに求められるのもこのような意味でのゴルフではないか、と私は思う。

しかし本書で、私はタイガー・ウッズのことをあまり述べていない。それは最盛期の彼は単に運動能力が高いスポーツマンではなく、およそ異次元のアスリートゴルファーだったからだ。音楽で言えば、音楽史上に新たな地平を切り開いたザ・ビートルズの出現で、エレキ（electric guitar）によるサウンド革命があったように、ウッズの類い稀なスイングはタイガーマジックといってゴルフ史上のスイング革命である。なぜなら、タイガーは一人のアスリートとして人々に「見るスイング」から「見せるスイング」、すなわち単に自分が勝つためではなく、人びとに勇気と感動を与えてくれるゴルファーだったからだ。ゴルフの歴史上、上手いゴルファーは数え切れないほどいたが、見せるためのゴルファーはいなかったのである。そのためか、ゴルフ教本になじまないものばかりだ。

これまでもウッズの業績や、彼のゴルフ人生の一部を述べたものはあるが、残念ながら学術的な観点から接近した著書を、私は知らない。断片的だが、ジョン・アンドリサーニの著書『タイガー・ウッズ・ウェイ』や『ザ・タイガーマジック』『タイガー・ウッズの強い思考』からタイガーの異次元ゴルフを拾ってみよう。[55]

(1) たとえば、手前から正攻法で攻めず、インパクトで当たりが食いつくスピンアプローチを駆使し、あえてピン奥にボールを落として、バックスピンをかけてカップインさせる。

(2) カップをオーバーすることを恐れず、バウンス（bounce）がいわゆる船の舵の役割を果たすので、バンカーショットではピンをデッドに狙う。

(3)　頭は固定するものではなく、頭には頭の回転がある。とりわけ水平方向なら頭は回転するのが自然だと考える。

(4)　トップでは右肘は地面に向けずにフライングエルボーでもよい。これによって肩関節が回り大きなアークが描けるので、ここ一番で飛距離を出したいときには必要な動作だ。

(5)　必要に応じてトップでは圧力の80％を右足に移し、骨盤の向き40度、胸の向き１２０度ぐらい回す。そして、インパクトに向けて体の重心を上げるため両足で地面を踏み込み、その跳ね返る地面反力を利用して、ダウンブローでドライバーを振って３５０ヤードも飛ばすなどである。

われわれの常識からすれば、全盛期のタイガーのレベルは異次元過ぎてアマチュアゴルファーにとっては参考にならないものばかりだ。そのために、タイガーの飛距離に対抗すべく、ＰＧＡツアーでは総距離７２００〜７９００ヤードが当たり前になり、小柄な日本人男子プロにとっては決して有利な状況ではなくなった。

それはそうと、スタンフォード大学ゴルフ部で活躍したタイガーをはじめ、米国の大学ゴルフ部出身の選手がＰＧＡツアーでも活躍するためか、日本におけるジュニアゴルファーが将来を見据えて、ゴルフコースを所有する米国の大学ゴルフ部に留学するケースが増えている。何しろ米国には、世界のゴルフ競技人口約６３００万人の45％が集中し、ゴルフ場の数だけでも日本の７倍近くの約1万４０００場を有している。彼らにとって、有望選手が切磋琢磨しているところでトレーニングできるのは実に魅力的である。

前述したように、本書でもタイガーに関してはあまり触れなかった。しかし、タイガーが自ら書き下ろした著『ハウ・アイ・プレイ・ゴルフ』によると、基本に忠実なトレーニングをした上でのプロとしての結論であったと言っている。[56] 当然と言えば当然のことだ。このことからもわかる通り、タイガーのゴルフは特別なものではなく、ベン・ホーガンの流れを汲む正統派のゴルファーだともいえる。もし特別なものがあるとすれば、彼が他人の真似をせず、よい要素だけを取り入れ、ひたむきな努力を惜しまなかったということだ。

かつて最愛の父アール・ウッズを亡くした後、未曾有の不倫騒動や酒気帯び運転の疑いでの逮捕などが重なり「タイガーは終わった」と、世間の誰もが思った時期があった。実際２０１７年には、世界ランキング１１９９位まで順位を落とした。しかし、２０１８年９月23日、選手生命の危機だった腰の痛みを克服し、１８７６日ぶりにツアー優勝を果たす。何か垂れ込めた暗雲から一条の光が差したような仄かな希望を、タイガーにもたらす。

翌年の２０１９年４月、マスターズ・トーナメントの優勝予想は、英国最大のブックメーカー（賭け業者）のウィリアム・ヒルが発表したところによれば、タイガーではなく、ローリー・マキロイだった。にもかかわらず、このマスターズでタイガー・ウッズの優勝に賭けた男がいた。ウィスコンシン州に住む39歳の自称株式ブローカー、ジェームズ・アドゥッチである。彼は必ず勝つと信じて、ありったけの虎の子８万５０００ドルを賭ける。驚いたことにその時の配当がゴルフのシングルチケットとして史上最高額の１２７万５０００ドルとなり、それを彼が射止める。

かくしてメジャー選手権の一つ、マスターズ・トーナメントで14年ぶり５度目の復活優勝を飾り、タイガー・ウッズが本格的にカムバック。しかも、同年10月29日、ＰＧＡツアーとして日本初開催のＺＯＺＯチャンピオンシップで44歳のウッズがツアー通算82勝目を手にする。現役の誰もがかなわないとあきらめたＰＧＡツアー最多勝記録の夢を、ウッズだけが歴代一位のサム・スニードとタイに並んだ記念すべき瞬間でもあった。

米国フロリダ州に本部を置く世界ゴルフ殿堂は２０２０年３月11日、これまでの功績を高く評価し、タイガー・ウッズの殿堂入りを発表した。それにしても長年、ゴルフを特別なものだと思い違いしている日本と異なり、米国ではゴルフを文化として育もうとする懐の深さを感じる[57]。

コロナ禍で一年延期した２０２２年３月９日、世界ゴルフ殿堂入りの式典セレモニーでウッズは、「ゴルフは個人の競技です。何時間もかけて一人でプレイするわけですが、私の場合、一人でここまで来たわけではありません」と語った上で、感極まって涙を流しながらこれまでにお世話になった両親、家族、指導者、友人、ファンのすべての人に感謝の意を伝える。

ウッズがこれまでの25年間のプロのゴルフ人生で涙を見せたのは、父アール・ウッズが亡くなった直後以外は記憶にないだけに、この瞬間をウッズファンの一人として共有できたことを、私は一生忘れることはできない。

注

52 中部銀次郎（１９９１）『もっと深く、もっと楽しく。』集英社文庫．その他（１９８７）．ただし、この練習ドリルは中部が考案したものではなく、以前から欧米のゴルフ教本で紹介しているものである．

53 〈https://golf-magic.com/article/2945〉２０１８年6月26日．

54 ジャック・ニクラウス著、春原剛訳（２００６）『帝王ジャック・ニクラウス――私の履歴書』日本経済新聞社．

55 John Andrisani (1997) *The Tiger Woods Way: Secrets of Tiger Woods' Power-Swing Technique*. New York: Crown Publishers. 船越園子訳（１９９７）『タイガー・ウッズ・ウェイ』ゴルフダイジェスト社、Andrisani (1998) *The Short Game Magic of Tiger Woods: An Analysis of Tiger Woods' Pitching, Chipping, Sand Play, and*

Putting Techniques. New York: Crown Publishers. 船越園子訳（２０００）『ザ・タイガーマジック』ゴルフダイジェスト社、Andrisani (2002) *Think Like Tiger: An Analysis of Tiger Woods' Mental Game.* New York: G.P.Putnam's Sons. 小林裕明訳（２００４）『タイガー・ウッズの強い思考――常勝アスリートに学ぶ頭と心の使い方』日経ＢＰ社.

56 Tiger Woods (2001) *How I Play Golf.* New York: Grand Central Publishing. 川野美佳訳（２００１）『タイガー・ウッズ――私のゴルフ論』上下、テレビ朝日事業局ソフト事業部.

57 トップアスリートならではのタイガー・ウッズの強さの秘訣を探るべき人間像を描いたものとして、Jeff Benedict & Armen Keteyian (2018) *Tiger Woods.* New York: Simon & Schuster. 浦谷計子訳（２０２０）『タイガー・ウッズ』ゴルフライブを挙げることができる.

終章　ゴルフにおける精神力と脳の認識メカニズム

「ゴルフをプレイしたい」というのは与えられたものではなく、自ら選んだ行為である。大事なのは過去のゴルフがどうあったかではなく、その過去のゴルフをどう思うかである。「ゴルフとは何か」と問われると、私は「キャリアそのものだ」と答えることにしている。ゴルフの18ホールは山あり谷ありの人生行路の如し。それゆえに、キャリア（career）とは積むものであって、与えられたものではなく、ゴルフを通じてもがき苦しんできた過程が自分自身のキャリアとなるのだ。

剣の達人としての極意を記した宮本武蔵、彼の著『五輪書』（1643〜1645年頃のものだと推定）の水之巻で、「千日の稽古を鍛とし、万日の稽古を練とす」[58]というくだりがある。稽古も千日積むと基礎が身に付き、努力をさらに続けて万日積むと、その道の奥義に達すると論じる。武蔵については誤解されている点もあるが、彼の注目すべき知見は具体的に稽古の日数を挙げて、それを鍛と練に分け、積み重ねた努力に勝るものはないことを意味づけしたところにある。

M・グラッドウェルによれば、「何人もエキスパートになるには、一万時間が目安となる」[59]と言う。これまで述べたように、「平均2年7カ月で100を切れなければ、残念ながら9割の人びとがゴルフを止める」というのが現実だ。

ちなみに、ゴルフはトッププロとしてプレイした選手であっても、自分のスイングに満足できなくなる時期が必ず来る。年齢を重ねるうちに心身が老い衰えた状態のフレイル（frail）や筋肉量が減少し、全身の筋力低下が起こるサルコペニア（sarcopenia）になったとき、これまで通りのトーナメントをこなすことは可能なのだろうか。

人間は動脈、静脈、それに極小の毛細血管まで含めると、血管の長さは何と地球を2周半、すなわち10万キロメートルにも及ぶ。現代の医学では年とともに毛細血管が幽霊のように消えるに従い、細胞に酸素や栄養を届け、老廃物を回収するということができなくなる。したがって、30歳から筋肉量は減少し始め、70代までに30％、80代までに40％ほど低下する。筋トレや食事などで筋肉繊維数のある程度の維持はできるものの、加齢による筋肉量の減少、それに伴い筋力や運動機能の低下は避けようがない。また男性の場合、男性ホルモンも30歳から低下が始まり、60歳では40歳と比べ25％も低下するが、女性の閉経に相当するようなわかりやすい肉体的変化はない。

このように人間の老化は避けて通ることはできないが、ゴルフ理論に基づいた正しいスイングを身に付け、丁度よいバランスでタンパク質、糖質、脂肪、ビタミン、ミネラルの5大栄養素を摂取すると、年齢を重ねても練習量が減ってもマッスルメモリーのおかげで体の筋肉やゴルフの技術が急激に衰えることはない。当然、生物学的にとらえると、人間だけが獲得した老化には重要な意義があり、しかも同時に、対応の仕方によっては無限の可能性がある。

ゴルフは確率のスポーツだというように、スイングのためにゴルフがあるのではなく、狙った目標に正確に飛ばすためにスイングがある。特定のクラブだけではなく、すべてのクラブに対しても幾通りものショットができないとうまくなれない。したがって、ゴルフとは目標を持たず、ラウンドに臨むものではない。

最初はすべてダブルボギーの108にいかに到達するか。次はアマチュアゴルファー憧れの100をいかに切るかが課題になる。そのためには、「アプローチ」をものにし、「寄せワン」チャンスを何ホール作るかにかかってくる。残りは、ロングホールのパー5とショートホールのパー3をどう攻略するかがカギになる。

ところが、80を切るとなれば、話はまったく別の次元となる。たとえば、前半の9ホールを41以内で回り、すると上記の課題のほか、パーオン（green in regulation）はハーフで最低2回以上は必要になる。後半9ホールは38以内で回らなければならず、そのために50%ぐらいのリカバリー率（パーオンしないホールでパーかそれよりよいスコアを獲得する率）が求められる。

それが72以下となると、パーオンが当たり前となり、トータルドライビング（ドライビングディスタンスとフェアウェイヒット率）やパット数を見直すマネジメント能力に加えて、60％以上のリカバリー率が求められる。

２０００年ＰＧＡツアーでのバウンスバック率一位はタイガー・ウッズで36・５１％である。「バウンスバック」（bounce back）とは簡単に言えば、立ち直り率を意味するもので、ボギーかそれより悪いスコアの直後、バーディかそれ以上のよいスコアをマークする確率である。ちなみに、日本女子では２０１９年８月４日までのバウンスバック率一位は、渋野日向子で26・０６％である。

以下、これらのことに応えるには何が必要かを論じて、本書の終章に代えよう。

第1節　ゴルフにおける精神力

紀元前５００年頃、中国春秋時代の軍事思想家孫武の著とされる『孫子』（13篇）は、最古にして最強の兵法書であることは誰もが認めるところである。その一節に「百戦百勝は善の善なるものに非ず。戦わずして人の兵を屈するは善の善なるものなり」（謀攻篇）[60]というくだりがある。その意味するところ、すなわち百戦して百勝することは、一見最善のように思えるが、実はそうでもないということだ。百勝しても、その中で多くの犠牲を伴ったり、予想以上の被害を被ったりしたら戦いの意味はなく、百勝しても次の一敗が命取りになることもある。戦いにおいて勝ったからといって安心できるものではないということである。

よく考えてみると、ゴルフに相通じるものがある。この著『孫子』の優れている点は、勝つことの意義を細部にまでこだわって省察し、事に応じての心構えや戦略の本質を世間に知らしめたところにある。真に勝つとは、自らの力を温存することであって、単に戦いに勝つことではない。

これをゴルフゲームに当てはめて考えればどうなるだろうか。

(1) ゴルフは明確な結果を出すため、きわめてシニカルで残酷なところがある。したがって、同じ組のプレイヤーのことよりも自分のことを第一に考え、これからラウンドする各ホールの全体図を頭に入れて、負けないための準備をしなければならない。

(2) ゴルフはフィギュアスケートのような採点競技ではないから、変に期待して自分にプレッシャーをかけすぎないよう努めることが肝要だ。適度なストレスは集中力を高め、かつパフォーマンスを上げるが、過度なストレスが慢性的に続けば、身体をこわばらせ、パフォーマンスの低下を招く。

(3) 自分の調子がよいか悪いかだけではなく、相手にとって有利になるか不利になるかも考える心の余裕を持つことが大事だ。しかも、単に怒りに振り回されて相手の失敗だけを願うようでは、自分のネガティブな感情を減らすことができなくなるだけではなく、自分を肯定することもできなくなる。苦境にあってもめげず、目標に耐え抜く力を磨かなければならない。

(4) 時には勇気をもって自分を追い込み、予想だにしない大きな力を発揮する場面を作ることも大事だ。しかし、挑戦し続けるのはよいが、過度にストレスをため込んで、メンタルを悪化させてまでやるべきではない。

(5) ゴルフの基礎と応用を上手に使って、勝負には攻めるだけが能ではなく、意味ある撤退だってあるのだということを心に留めておく。たとえば、ベストを尽くしてもなお、どうにもならない時は「私の日ではない」(It's not my day.) と思うくらいが丁度よい場合がある。なぜなら、利己的な目的でする勝負は、ルールを破って不正が起こりやすくなるからだ。

(6) すぐれたゴルフプレイヤーになるには、自分にとって都合のよい情報ばかりを集めず、一つのことをプラスとマイナスの両方から考えてみる。かくして、相手に対してしんどい気遣いはやめ、目の前のプレイに集中する。

(7) フェアーに戦うことは非常に大切だが、でも、時には相手との駆け引きも不可欠だということだ。強いて言うと、ゴルフにおける負け試合は自分の失敗が原因であることが多く、勝ち試合は相手の失敗が原因であることが多い。

(8) ラウンド終盤の上がり3ホールは修羅の道だと悟り、自分の持てる力をすべて出し切り攻め貫く。人間は成長のために争いは避けようがないので、人に「うまいと褒められるゴルフ」をするのではなく、自分にとって「納得のいくゴルフ」をする。

(9) 最後にゴルフはミスがつきものだから、自分の能力をむやみに人前で自慢してはならない。なぜなら、人間は努力する限りミスを犯す生き物だからだ。愚者はまぐれ当たりを自慢し、賢者はミスショットから多くを学ぶ。

ゴルフは一見派手なように見えるが、マスターするのがもっとも難しいスポーツの一つだ。高度な技術を身に付けたトッププロでも、技術面よりも精神面のコントロールが勝敗を左右する。古来、ゴルフは精神力が7割、技術力が3割という。それゆえに、ゴルフは人間の無意識と深くかかわっている。無意識の中でもっともポジティブな力は何かと言えば自然との対応だ。私がゴルフの魅力に惹かれるのは、人間の外の存在である自然が一歩ずつ近づく中で、人間との「あるがまま」の関係性を築かざるを得ないからだ。

ゴルフとは、誰でも知っているように、自然の中に身をゆだね、異なった18ホールをクラブと呼ぶ道具を使って、いかに少ないストロークでボールをカップ（ホールともいう穴）に入れるかを競うスポーツである。しかし、ゴルフは他のスポーツと異なり、静止したボールと向き合うため、トップブロといえども、自分が置かれた状況を瞬時に把握して、脳のイメージ通り正確に筋肉を動かさなければならない。

かつて、女子プロゴルフの世界ランキング一位となった宮里藍が現役引退後の２０１８年６月、ある雑誌のインタビューに対して次のように応じる。「ゴルフの１ラウンドは５時間近くかかり、そのうちボールを打つのは15分から20分ぐらいである。そうなると、その15分から20分以外の時間をどう組み立てて次の１打につなげるか、自分を見つめてコントロールすることがものすごく大切なスポーツになる」と、ゴルフのもつメンタリティについて率直な意見を吐露する。宮里の言葉からもわかる通りゴルフという競技は、レベルが上がれば上がるほど、強靭なメンタリティが求められる。

２０２１年４月11日、松山英樹が日本人男子として初めて海外メジャー大会のマスターズ・トーナメントで優勝を果たし、日本ゴルフ史上に名を残す快挙を成し遂げる。宮里藍がインスタグラムで“Respect!!!”とすかさず反応し、タイガー・ウッズも自身のツイッターで「この優勝は君にとっても君の国にとっても偉業だ。この歴史的なマスターズの優勝は、ゴルフの世界に大きな衝撃を与えることにちがいない」と賛辞を贈る。

続いて２０２１年６月６日、笹生優花が全米女子オープン選手権で畑岡奈沙とのプレイオフを制し、19歳11カ月17日で優勝した。この優勝は２００８年大会の朴仁妃と並ぶ史上最年少タイ記録であり、日本女子の海外メジャー制覇は、1977年全米女子オープン選手権の樋口久子、2019年全英女子オープンの渋野日向子に続いて3人目の偉業達成である。

最終日の前日、憧れのローリー・マキロイから「ここ数日間は素晴らしいプレイをしている。ぜひ突き進んでトロフィーをつかんでもらいたい」という激励の言葉をインスタグラムでいただき、笹生は優勝スピーチで「ありがとう、ローリー」と感謝の言葉を伝える。松山と笹生の全米メジャーの優勝は、日本ゴルフ界に希望の光をもたらしたに違いない。ちなみに、2021年度を終えた笹生の総合的な実力を示す平均ストロークは69・364で、ネリー・コルダ（68・774）、コ・ジンヨン（68・866）、リディア・コー（69・329）に次ぐ女子世界ランキング四位で終わった。

ところで、人間には地球の自転周期である24時間に合わせた生体リズムがそなわっている。もし生体リズムが乱れて自律神経中枢の機能が悪くなることで、交感神経と副交感神経のバランスが崩れたり、ストレスホルモンが副腎皮質から過剰に分泌したり、血圧や血糖値が上昇したりしたならば、どう対応したらよいか。[61]

これらに対応するため、トッププロは高いレベルで日常生活を管理しなければならず、とりわけ身体と心を科学的に管理し、次のストレスにそなえる時代になる。昨今では、人間の体調の変化を予測するアルゴリズムの作成のために、腕時計型のスマートウォッチで心拍数や運動量をチェックしたり、心電図などのデータを収集する医療用のインナーウェアを着用したり、スマートベッドに取り付けたセンサー類を活用したりしてパフォーマンスを観察し、フィードバックのための生体情報を収集する動きが始まっている。実際に、データは起床後に洗面台の鏡の一部をディスプレイにして確認できるし、必要に応じて専門医やトレーナーとも情報を共有できる。

その一方で、腸内細菌叢とトッププロの心との関係を探る動きが起きている。たとえば、腸内細菌と免疫や代謝、精神状態、疲労の蓄積度合い、睡眠、朝食などを通じて、①過去の失敗から立ち直る力をつけさせたり、②勝敗に対する自信を取り戻す方法を模索したり、③あまり悲観的にならないように楽観的に考えさせたりして、本番に向けて最高のコンディションにするにはどうしたらよいかをサポートする。[62] これらのサポートを経ながら鍛え抜かれたアスリートゴルファー像を創造する過程は、人びとに感動と勇気を与えるだけでなく、ひいては国民の健康管理の指針にもなり得るはずである。

第2節　ゴルフにおける脳の認識メカニズム

最後に、ゴルフを取り巻く世界もＡＩ（人工知能）の波が押し寄せている。人間が思考するときや、身体を動かすときに重要な役割を担うのは「脳」である。しかし、その全貌は解明されていないが、脳は約860億個ものニューロンと呼ばれる神経細胞が約250兆個のシナプスを介してつながっているため、その働きは他の器官とは著しく異なる。とは言うものの、脳は運動や知覚を介する情報伝達の最上位中枢である。それだけに、脳は人間の取り巻く環境からのさまざまな刺激を受け、それに対して学習・推論・判断が行われる場所であって、外の世界にうまく適応しようとする。

それではゴルフと脳の関係はどうなっているのだろうか。脳が認識するメカニズムとゴルフとの関連で学際的研究が進んでいる。かつてハーバート・A・サイモンは、「人間には認知能力と情報処理能力の双方に限界があるため、与えられた条件の下で最適を求めているわけではない[63]」という仮説を提唱して、人間の行動と意思決定に至る先駆的な研究で1978年にノーベル経済学賞を受賞する。その後、ダニエル・カーネマン（2002年ノーベル経済学賞受賞）をはじめとして、リチャード・H・セイラー（2017年ノーベル経済学賞受賞）などがこの経済の非合理性に刺激を受け、人間の心のバイアスを研究する学問を「行動経済学」と呼ぶようになる。脳の認識メカニズムと行動経済学の知見をゴルフに応用してみればどうなるだろうか。ここでは、その一端を紹介しよう。

(1)　たとえば、「ダボでもよい」ので失敗しないように慎重にしようとすると、脳は単に自己保存さえすればよいというストーリーを作り、全力投球するのと別のものだと判断する。その結果、今までのテンポとリズムを崩し、どちらかというとミスを誘発することになる。なぜそうなるのか。実は、脳にも目標を管理したり一定のリズムがあったりするので、目的を明確にして手を抜かず、リズミカルにテンポよくゴルフをするほうがよい結果が期待できる。[64]

(2) 状況に応じていったん「無理かもしれない」と考えると、それが脳にとってネガティブ・シンキングだと認識し、これ以上ポジティブな行動をとらなくなる。たとえば、難攻不落なホールを「攻略できる自信」が見えてきたときこそ、脳はこれからが本番だと考え、まあいいやと諦めずに「まだ攻略していない」と認識する。そして、それに徹底的にこだわると脳の神経回路がスイッチオンになり、本人もびっくりするくらい体と心が融合して「ゾーン」に入ることができる。これは、調子のいいゴルファーが自分の意識を無意識に明け渡し、脳内でイメージ空間を使って集中しながらリラックスしている状態のときをいう。[65]

(3) 脳は「できた」と思うと、脳の中の自己報酬神経群がもうこのことは「考えなくてもよい」と判断する。脳にとって「できた」はもう「終わった」と同じ意味になるから、われわれは大事な場面でリラックスしないほうがよさそうだ。

(4) 単に「よし、頑張るぞ」という自分を励ます言葉は、脳にとって何をどうしたいのかわからず、「我を張る」くらいの意味不明な事柄に映るらしい。ゴルフは一打一打の目標を明らかにして、それに対処したほうがよい結果が生じやすい。したがって、ただ漠然と「飛距離を出せればよい」とか、「カップインすればよい」とかいうのではなく、潜在的能力を最大限に発揮できる状態にもっていかなければならない。

(5)

脳は率直にすごいと感動しない限り、あるいは何かご褒美が期待できないとうまく働かないという特性を持つ。そのために、自分で自分をコントロールする必要がある。脳はわれわれが考えるよりも、はるかに好き嫌いの激しい怠惰な生き物なのだ。

人間は本来、心の内側から自分の与えられた環境を主観的にしか観察できない動物である。一言付言すると、実は近代マーケティングの父と呼ばれるフィリップ・コトラーにとって、行動経済学というものは「マーケティング」の別称にすぎず、彼の考えでは、人間はやってはいけないとわかっていても、やってしまうことが多いので、状況に応じて人間の心の揺れ動きを分析し、対象となる顧客との良好な関係を長期的に維持するにはどうしたらよいかを研究することで、近代マーケティングの基礎を構築することができたという。[66] 近代マーケティングも人間の認知バイアスの研究抜きには語れないところまできている。

このような状況の中で、ＡＩ技術のゴルフへの応用が進んでいる。特化型ＡＩはすでに、囲碁界で革命をもたらしている。囲碁の局面は10の３６０乗通りあるという。当初は、過去のプロ囲碁棋士同士の対局で打った配置パターンを使っていたが、２０１５年に登場した「アルファ碁」（Google DeepMindによって開発されたコンピュータ囲碁プログラム）ではモンテカルロ木探索にディープラーニング（深層学習）を導入することによって、ＡＩ同士で対局をさせ、より多く勝てる打ち筋にご褒美（報酬）を与え、これによりＡＩ自身がご褒美（報酬）を求めて膨大な候補の中から人間が見逃していたパフォーマンスの高い打ち方を学習する。

これまでの勝ちパターンから学ぶと、どうしても守りを固めてから攻めることになる。そうではなくて、２０１７年の「アルファ碁ゼロ」は最初から人間の対局データを使わずに、自己対戦を繰り返し、試行錯誤のやり取りを重ねることによって囲碁空間から「攻略知」を増殖させ、パフォーマンスの高い手を打つようになる。

ＡＩはまだ、人間から「与えられた欲望」しか持ちえず、人間のような信頼関係や共感を築けない欠点はある。確かに、ディープラーニングでは大脳皮質の領野間の階層構造を模しているが、人間の大脳皮質の90％を占める大脳新皮質の神経細胞や神経線維のような6層構造は考慮していない。だが、現在は人間の神経細胞であるニューロンをモデル化し、コンピュータの人工ニューロンの数が人間の脳の数を超えると、ある時点で人間の一兆の一兆倍（10の24乗）の知性を持つ汎用型ＡＩも期待できるはずである。すでに、チャットＧＰＴの根本にある“Transformer”は、単語をベクトルに変換してその距離を測りながら、大規模言語モデルを実現している。

そうなると、コンピュータサイエンスとしての人工知能（artificial intelligence）の学習速度の高速化が進むことによって、コンピュータの世界では、従来のコンピュータが処理する2進数で表すバイナリビット（binary bit：0か1のどちらかの値を取るが、二つ以上の値を取ることができない）に代わり、量子ビット（quantum bit or qubit：0と1だけではなく、0と1をも任意に重ね合わせた状態で取ることができる）で演算する量子コンピュータに置き換わる。

たとえば、従来のコンピュータのバイナリビット10個は2を10回掛けた「1024種類」の場合の数を表すことができる。しかし、この場合の数のうち最適値を見つけだすには一度に一つずつ1024回の演算を繰り返さなければならない。一方、量子コンピュータの量子ビット10個は「1024種類」の場合の数に関する演算を一度に終え、最適値を見つけ出すことができる。驚くべきことに、量子コンピュータでは量子ビットを一つ追加するごとに、全体の処理能力はおよそ2倍になる。

しかも、AIが発達して人間を超えるまで技術が進む時点を技術的特異点（singularity）と呼び、このシンギュラリティが到来する可能性について世界中の研究者が注目している。人間の能力は人間しかわからないところもあるが、もしこれが世に出ると、変数が多すぎて難しいゴルフでも計画的に攻略できるようになる。これによってプロの真の強さや勝因もデータでわかり、見る者に新たな感動を与える日もそう遠くないように思える。

擱筆するに当たり、お世話になった人びとにこの場を借りてお礼申し上げたい。まず、十数年の長きにわたりプロインストラクターの谷藤良介先生とティーチング・アシスタントの溝淵新造先生に師事し、私は本書の内容を充実することができた。ここに厚く感謝申し上げる。また、私のわがままを聞いてくれた東京図書出版の皆様のご配慮にあらためて感謝申し上げる次第である。

２０２４年2月1日

菊　地　　均

注

58 宮本武蔵著、渡辺一郎校注（１９８５）『五輪書』岩波文庫．

59 Malcolm Gladwell (2008) *Outliers: The Story of Success.* New York: Little, Brown.

60 金谷治訳注（２０００）『孫子』新訂版、岩波文庫．

61 最近は、これ以外に脳の誤作動による痛みもあることがわかってきた．たとえば、激痛でゴルフ競技に支障が出る繊維筋痛症や慢性腰痛などを挙げることができる．厄介なのは、この痛みが恐怖を引き起こし、恐怖が脳を警戒させ、さらなる痛みを引き起こすという悪循環にもなりかねない．

62 株式会社アシックスの試みはまだここまで行っていないが、アシックスは２０２１年から、スポーツがメンタルに及ぼす影響を可視化するためのシステムの開発に着手している．〈https://minduplifter.asics.com/〉２０２２年4月20日参照．

63 Herbert A. Simon (1955, February) A Behavioral Model of Rational Choice. *Quarterly Journal of Economics*, 69 (1), 99–118. In H. A. Simon (1957) *Models of Man, Social and Rational: Mathematical Essays on Rational Human Behavior in a Social Setting* (pp. 241–260). New York: Wiley. 梅沢豊訳（１９７０）「合理的選択の行動モデル」、宮沢光一監訳『人間行動のモデル』同文舘出版、４２７－４５２頁．

64 György Buzsáki (2006) *Rhythms of the Brain*. New York: Oxford University Press. 渡部喬光監訳、谷垣暁美訳（２０１９）『脳のリズム』みすず書房．

65 「ゾーン」とは別に、心理学で一時的現れるゾーンのことを「フロー」(flow)と呼ぶ．この「フロー」の概念は１９７０年、ハンガリー出身の米国の心理学者、ミハイ・チクセントミハイが提唱したものである．Mihaly Csikszentmihalyi (1990) *Flow: The Psychology of Optimal Experience*. New York: Harper & Row. 今村浩明訳（１９９６）『フロー体験——喜びの現象学』世界思想社．あわせて、Gio Valiante (2013) *Golf Flow: Master Your Mind, Master the Course*. Champaign, IL: Human Kinetics. 白石豊訳（２０１４）『フローゴルフへの道』水王舎を参照．

66 フィリップ・コトラー著、田中陽、土方奈美訳（２０１４）『マーケティングと共に——フィリップ・コトラー自伝』日本経済新聞出版社．なお、本書はもともと、日本経済新聞の文化欄「私の履歴書」に連載されたものである．

参考文献

Ben Hogan (1948) *Power Golf*. New York: A. S. Barnes. 北代誠彌訳（１９５２）『パワー・ゴルフ』大日本雄弁会講談社．その他、前田俊一訳（２０１２）．

Ben Hogan (1957) *Five Lessons: The Modern Fundamentals of Golf*. New York: A. S. Barnes. 塩谷紘訳（２００６）『モダン・ゴルフ』ハンディ版、ベースボール・マガジン社．その他、水谷準訳（１９５８）．

Bob Toski & Jim Flick (1978) *How to Become a Complete Golfer*. New York: Golf Digest. 金田武明訳・解説（１９８０）『完全なるゴルファー』講談社．

Curt Sampson (1996) *Hogan*. Nashville, Tenn.: Rutledge. 宮川毅訳（１９９８）『ベン・ホーガン』ベースボール・マガジン社．

Dave Pelz (1989) *Putt Like the Pros: Dave Pelz's Scientific Way to Improving Your Stroke, Reading Greens, and Lowering Your Score*. New York: Harper & Row. 児玉光雄訳（１９９６）『パッティングの科学』ベースボール・マガジン社．

David Leadbetter (1990) *The Golf Swing*. London: Harper Collins Publishers. 塩谷紘訳（１９９２）『ザ・アスレチック・スウィング』ゴルフダイジェスト社．

David Leadbetter (2000) *The Fundamentals of Hogan*. New York: Doubleday. 塩谷紘訳（２００６）『モダ

ン・ゴルフ徹底検証』ハンディ版、ベースボール・マガジン社.

David Leadbetter & Ron Kaspriske (2015) *The A Swing: The Alternative Approach to Great Golf*. New York: St. Martin's Press. レッドベターゴルフアカデミー日本校訳、石田昭啓、黒川晃監修（２０１６）『デビッド・レッドベター「Ａスウィング」』ゴルフダイジェスト社.

Gary Wiren (1990) *PGA Teaching Manual: The Art and Science of Golf Instruction*. Palm Beach Gardens, FL: PGA of America. 匿名訳（１９９４）『ＰＧＡティーチングマニュアル ── ゴルフ指導の技術と科学』日本語版、International Golf Research Institute.

Gio Valiante (2013) *Golf Flow: Master Your Mind, Master the Course*. Champaign, IL: Human Kinetics. 白石豊訳（２０１４）『フローゴルフへの道』水王舎.

György Buzsáki (2006) *Rhythms of the Brain*. New York: Oxford University Press. 渡部喬光監訳、谷垣暁美訳（２０１９）『脳のリズム』みすず書房.

Herbert A. Simon (1955, February) A Behavioral Model of Rational Choice. *Quarterly Journal of Economics, 69* (1), 99–118. In H. A. Simon（1957）*Models of Man, Social and Rational: Mathematical Essays on Rational Human Behavior in a Social Setting* (pp. 241–260). New York: Wiley. 梅沢豊訳 (１９７０)「合理的選択の行動モデル」、宮沢光一監訳『人間行動のモデル』同文舘出版、４２７－４５２頁.

Homer Kelley (2006) *The Golfing Machine* (7.2 ed.). US: The Golfing Machine (Original work published 1969). 大庭可南太訳（２０１８）『ゴルフをする機械』ツースリーマネジメント. その他、木場本知明、中坊仁嗣監修・訳（２０２３）.

Jack Nicklaus (2005) *Golf My Way: The Instructional Classic, Revised and Updated* (Revised ed.). New York:

Simon & Schuster (Original work published 1974). 岩田禎夫訳（１９７４）『ゴルフマイウェイ』講談社.
Jeff Benedict & Armen Keteyian (2018) *Tiger Woods*. New York: Simon & Schuster. 浦谷計子訳（２０２０）『タイガー・ウッズ』ゴルフライブ.
Jim Hardy (2005) *The Plane Truth for Golfers: Breaking Down the One-Plane Swing and the Tow-Plane Swing and Finding the One That's Right for You*. New York: McGraw-Hill Education.
Jim McLean & John Andrisani (1997) *The X-Factor Swing: And Other Secrets to Power and Distance*. New York: HarperCollins.
John Andrisani (1997) *The Tiger Woods Way: Secrets of Tiger Woods' Power-Swing Technique*. New York: Crown Publishers. 舩越園子訳（１９９７）『タイガー・ウッズ・ウェイ』ゴルフダイジェスト社.
John Andrisani (1998) *The Short Game Magic of Tiger Woods: An Analysis of Tiger Woods' Pitching, Chipping, Sand Play, and Putting Techniques*. New York: Crown Publishers. 舩越園子訳（２０００）『ザ・タイガーマジック』ゴルフダイジェスト社.
John Andrisani (2002) *Think Like Tiger: An Analysis of Tiger Woods' Mental Game*. New York: G. P. Putnam's Sons. 小林裕明訳（２００４）『タイガー・ウッズの強い思考 ── 常勝アスリートに学ぶ頭と心の使い方』日経ＢＰ社.
Karl R. Popper (1966) *The Open Society and its Enemies* (2 Vols., 5th ed. revised). London: Routledge & Kegan Paul. 小河原誠、内田詔夫訳（１９８０）『開かれた社会とその敵』全2冊、未来社. その他、小河原誠のドイツ語訳（２０２３）.

Malcolm Gladwell (2008) *Outliers: The Story of Success*. New York: Little, Brown.

Mark Broadie (2014) *Every Shot Counts: Using the Revolutionary Strokes Gained Approach to Improve Your Golf Performance and Strategy*. New York: Avery. 吉田晋治訳（２０１４）『ゴルフデータ革命』プレジデント社.

Michael Bennett & Andy Plummer (2009) *The Stack and Tilt Swing: The Definitive Guide to the Swing That Is Remaking Golf*. New York: Gotham Books. マーシャ・クラッカワー訳（２０１２）『スタック&チルト　ゴルフスウィング』ゴルフダイジェスト社.

Michael Jacobs (2016) *Elements of the Swing: Fundamental Edition*. Scotts Valley, Calif: CreateSpace Independent Publishing Platform (On-Demand Publishing).

Mihaly Csikszentmihalyi (1990) *Flow: The Psychology of Optimal Experience*. New York: Harper & Row. 今村浩明訳（１９９６）『フロー体験 ── 喜びの現象学』世界思想社.

Robert Tyre (Bobby) Jones (1966) *Bobby Jones on Golf: The Classic Instructional by Golf's Greatest Legend*. New York: Doubleday & Company. 永井淳訳（２０２１）『ボビー・ジョーンズ　ゴルフのすべて』Choice選書、ゴルフダイジェスト社.

Theodore P. Jorgensen (1999) *The Physics of Golf* (2nd ed.). New York: Springer (Original work published 1994). 生駒俊明監訳、藤井孝蔵、生駒孜子訳（１９９６）『ゴルフを科学する』丸善.

Tiger Woods (2001) *How I Play Golf*. New York: Grand Central Publishing. 川野美佳訳（２００１）『タイガー・ウッズ ── 私のゴルフ論』全2冊、テレビ朝日事業局ソフト事業部.

岡本綾子（１９９２）『ゴルフ　ここを知ったら』青春出版社.

奥嶋誠昭（2017）『ザ・リアル・スイング――科学が解明した「ゴルフ新常識」』実業之日本社．

奥嶋誠昭（2018）『ザ・リアル・スイング――最適スイング習得編』実業之日本社．

金谷治訳注（2000）『孫子』新訂版、岩波文庫．

金田武明、ボブ・トスキ（2001）『決定版　アメリカ打法教典』研光新社．

菊地均（2020）「現代ゴルフ論ノート」横田榮一、中島茂幸、岩崎一郎ほか『文化科学の素顔――横田榮一教授退職記念』共同文化社、115－147頁．

『ゴルフダイジェスト』月刊誌、ゴルフダイジェスト社、2018年7月号．

ジャック・ニクラウス著、ジェーエヌジェー監修（2000）『勝利の決断19条』小学館．

ジャック・ニクラウス著、春原剛訳（2006）『帝王ジャック・ニクラウス――私の履歴書』日本経済新聞社．

高松志門（2000）『ゆるゆるグリップでゴルフ革命――まっすぐ、よく飛ぶ、ヘッドが走る！』ＰＨＰ研究所．

竹林隆光（2008）『ゴルフクラブの真実』パーゴルフ新書、学習研究社．

陳清波（2000）『ゴルフファンダメンタルズ』ゴルフダイジェスト社．

鶴見功樹（2007）『レッスンの王様　プリンシプル・オブ・ゴルフ』（全2巻、ＤＶＤ）ゴルフダイジェスト社．

Dr. クォン、吉田洋一郎（2018）『驚異の反力打法――飛ばしたいならバイオメカ』ゴルフダイジェスト社．

永井延宏（2008）『ゴルフ上達のカギを握る超ウェッジワーク』青春出版社．

中部銀次郎（１９９１）『もっと深く、もっと楽しく。』集英社文庫．その他（１９８７）．
夏坂健（２００１）『ゴルフを以って人を観ん――緑のお遍路さんたち』日経ビジネス人文庫、日本経済新聞出版社．その他（１９９８）．
ピア・ニールソン（１９９９）『ゴルフ　54ビジョン』ゴルフダイジェスト社．
フィリップ・コトラー著、田中陽、土方奈美訳（２０１４）『マーケティングと共に――フィリップ・コトラー自伝』日本経済新聞出版社．
堀尾研仁（２０２１）『ゴルフ　脱・感覚!!　スイングの真実――QR動画付きで、正解とのズレがわかる』河出書房新社．
松本協（２０２０）『ゴルフの力学――スイングは「クラブが主」「カラダは従」』三栄新書．
宮本武蔵著、渡辺一郎校注（１９８５）『五輪書』岩波文庫．
〈https://ameblo.jp/higashiginza509/entry-12640366500.html〉２０２０年12月19日．
〈https://boditraksports.jp/swing.html〉２０２２年４月２日．
〈https://thesandtrap.com/forums/topic/118501-trying-to-coin-a-phrase-for-part-of-the-d-plane〉２０２４年１月10日．
〈https://golfdigest-play.jp/_ct/17203167〉２０１８年９月５日．
〈https://golf-magic.com/article/2945〉２０１８年６月26日．
〈https://lesson.golfdigest.co.jp/lesson/survey/article/137905/1/〉２０２１年７月21日．
〈https://minduplifter.asics.com/〉２０２２年４月20日．
〈https://www.prgr-school.com/column/swing-analysis/gdo-swing-scan-part1/〉２０２１年３月13日．

〈https://trackmanuniversity.com/LoginAndSignUp?ReturnUrl=%2F〉２０２１年10月26日.
〈https://www.golfmechanism.com/?p=51〉２０２３年10月16日.

このほか、本書を執筆するに当たり、ゴルフスイング解析システムの「ＧＥＡＲＳ」（ギアーズスポーツ社）、ゴルフ用弾道計測器の「トラックマン」（トラックマン社）、モーションキャプチャーとヘッド挙動測定を備えた「サイエンス・フィット」（株式会社プロギア）のデータを参考にさせていただいた。

菊地　均（きくち　ひとし）

1948年北海道生まれ．日本大学大学院商学研究科博士課程修了，専門は国際経営論，イノベーション・マネジメント論．レスブリッジ大学交換教授，北海商科大学教授，同大学院教授，日本学術振興会科学研究費委員会専門委員などを歴任．現在は北海商科大学名誉教授，博士（経営学），北海道地区７国立大学法人工事入札監視委員会委員長，らくら新川カルチャースクールゴルフ講座講師などを務める．

主要著書は『シュンペーターの資本主義論』日本経済評論社，『シュンペーター』共同文化社，『商業政策のダイナミズム』千倉書房，『現代マーケティングの基礎』（共著）千倉書房，『現代ビジネスの課題と展望』（共著）泉文堂，『観光学概論』（共著）ミネルヴァ書房，『観光・リゾートのマーケティング』（共訳）白桃書房，『旅行・観光の経済学』（共訳）文化書房博文社など多数．

ゴルフの思考法

2024年6月6日　初版第1刷発行

著　　者　菊地　均
発 行 者　中田典昭
発 行 所　東京図書出版
発行発売　株式会社 リフレ出版
〒112-0001　東京都文京区白山 5-4-1-2F
電話 (03)6772-7906　FAX 0120-41-8080
印　　刷　株式会社 ブレイン

ISBN978-4-86641-745-5 C0075
Printed in Japan 2024